David Gordon Lyon

Keilschrifttexte Sargon's

König von Assyrien (722-705 v. CHR.)

David Gordon Lyon

Keilschrifttexte Sargon's
König von Assyrien (722-705 v. CHR.)

ISBN/EAN: 9783742870148

Hergestellt in Europa, USA, Kanada, Australien, Japan

David Gordon Lyon

Keilschrifttexte Sargon's

KEILSCHRIFTTEXTE

ARGON'S

KÖNIGS VON ASSYRIEN

(722—705 v. CHR.)

NACH DEN ORIGINALEN

NEU HERAUSGEGEBEN, UMSCHRIEBEN, ÜBERSETZT UND ERKLÄRT

VON

Dr. D. G. LYON,

PROFESSOR AN DER HARVARD UNIVERSITÄT, CAMBRIDGE, U. S. A.

LEIPZIG

J. C. HINRICHS'SCHE BUCHHANDLUNG

1883.

MEINEN

HOCHVEREHRTEN LEHRERN UND FREUNDEN

DEN HERREN PROFESSOREN

Dr. C. H. TOY und Dr. FRIEDRICH DELITZSCH

IN DANKBARER LIEBE

GEWIDMET.

INHALT.

Abkürzungen.

I R, II R, III R, IV R, V R.: Sir Henry Rawlinson, *The Cuneiform Inscriptions of Western Asia*. London 1861—1880. Die Zahlen hinter R bezeichnen Blatt und Zeile, die Buchstaben die Spalten. In den kritischen Anmerkungen zu den Originaltexten ist R = I R 36.

ABK.: E. Schrader, Die Assyrisch-Babylonischen Keilinschriften, Leipzig 1872.

Asurb. (Sm.): George Smith, *History of Assurbanipal*, London 1871.

ASKT. bez. **Keilschrifttexte**: Paul Haupt, Akkadische und Sumerische Keilschrifttexte, Leipzig 1881—82.

Asarh.: Prisma-Inschrift Asarhaddons, I R 45—47.

Asurn.: Alabaster-Inschrift Asurnâsirpals, I R 17—26.

Asurn. Stand.: Dess. Standard-Inschrift, Layard 1.

Beh.: Behistun-Inschrift, III R 39—40.

Botta: Emile Botta, *Monument de Ninive*, Paris 1849—50.

C a: Eponymen-Canon, Delitzsch, Leseslücke S. 88—91.

Doc. jurid.: J. Oppert und J. Ménant, *Documents juridiques de L'Assyrie et de la Chaldee*, Paris 1877.

Dour-Sark.: J. Oppert, *Les Inscriptions de Dour-Sarkayan*, Paris 1870.

E. M. II: J. Oppert, *Expédition Scientifique en Mésopotamie*. Vol. II, Paris 1859.

Höllenf.: Die Legende von der Höllenfahrt der Istar, IV R 31.

KAT.[2]: E. Schrader, Die Keilinschriften und das Alte Testament, 2. Aufl., Giessen 1883.

KGF.: E. Schrader, Keilinschriften und Geschichtsforschung, Giessen 1878.

Khors.: J. Oppert und J. Ménant, *Grande Inscription du Palais de Khorsabad*, Paris 1863.

Lay. bez. **Layard**: A. H. Layard, *Inscriptions in the Cuneiform Charakter*, London 1851.

Lesest.: Friedrich Delitzsch, Assyrische Leseslücke, 2. Aufl., Leipzig 1878.

I Mich.: Michaux-Inschrift, I R 70.

Nabon. Sippar: Aus Sippar stammender Thoncylinder Nabonids.

Neb.: Steinplatten-Inschrift Nebukadnezars, I R 53—58.

Neb. Bab.: Dess. Cylinder-Inschrift aus Babylon, I R 52 No. 3.

(Neb.) Bors.: Dess. Inschrift aus Borsippa, I R 51 No. 1.

Neb. Grot.: Dess. von Grotefend zuerst veröffentlichte Inschrift, I R 65—66.

Neb. Senk.: Dess. Cylinder-Inschrift aus Senkereh, I R 51 No. 2.

Nerigl.: Cylinder-Inschrift Neriglissars, I R 67.

Norris: Edwin Norris, *Assyrian Dictionary*, London 1868—1872.

Paradies: Friedrich Delitzsch, Wo lag das Paradies?, Leipzig 1881.

Recc.: *Records of the Past*, London 1875—1878.

S a, S b, S b1, S b2, S c: Die grossen drei- und vierspaltigen Syllabare, veröffentlicht in Delitzsch's Lesestt. 35 ff.

Salm. Balaw.: Balawat-Inschrift Salmanassars II, TSBA. VII 89—111.

Salm. Mo.: Dess. Monolith-Inschrift, III R 7—8.

Sams.: Obelisk-Inschrift Samsiramâns, I R 29—31.

Sanh.: Prisma-Inschrift Sanheribs, I R 37—42.

Sanh. Bav.: Dess. Felsenwand-Inschrift zu Bavian, III R 14. Auch von H. Pognon herausgegeben in *L'Inscription de Bavian*, Paris 1879.

Sanh. Bell.: Dess. sog. Bellino Terracotta-Cylinder, Layard 63—64.
Sanh. Konst.: Dess. zu Konstantinopel befindliche Steinplatten-Inschrift, 1 R 43—44.
Sanh. Kuj.. Dess. Inschrift auf den Kujundschik-Stieren, III R 12—13.
Sanh. Rass.: Dess. Cylinder der Rassam'schen Sammlung.
Sargonsstele: Monolith-Inschrift Sargons von der Insel Cypern, III R 11. Auch von E. Schrader herausgegeben: Die Sargonstele des Berliner Museums, Berlin 1882.
Sintfluth: Keilschriftlicher Sintfluthbericht, IV R 50—51.
Sm. 954: Sumerisch-Assyrischer Hymnus, Delitzsch, Lesest. 73—75.
Tig. (Pil.): Prisma-Inschrift Tiglathpilesers I, 1 R 9—16; mit Commentar herausgegeben von Wilhelm Lotz: Die Inschriften Tiglathpilesers I, Leipzig 1880.
Tig. jun.: Tafel-Inschrift des jüngeren Tiglathpileser II R 67.
TSBA.: *Transactions of the Society of Biblical Archaeology*, London 1874—1883.

Cyl., St., B., Sil., G., A.: Die in diesem Buch veröffentlichte Cylinder-, Stier-, Bronze-, Silber-, Gold- und Antimon-Inschrift.
L_1, L_2, P_1, P_2: Bezeichnung der vier Sargon-Cylinder, s. Vorbemerkungen II 1.
I 1, I 2, I 3, II 1, II 2, III 1, IV 1: Kal, Iłteal, Iłtaneal, Piel, Iłtaal, Schafel, Nifal.
$\aleph_1$ = hebr. $\aleph$, $\aleph_2$ = ⊓, $\aleph_3$ = ⊓₁, $\aleph_4$ = ₂, ⟨⟩, $\aleph_5$ = ₂, Å.

K.: Kujundschik; **S.**: Smith.
Obv., Rev.: Obverse, Reverse.
Op.: Oppert.
Perm.: Permansivform.
Var.: Variante.

Verbesserungen.

Zur Transscription. Cylinder 14 st. Zimri I. Namri; — 18 muballiḳu; — 30 miṣir; — 38 u. 47 st. tazimti(ta) l. tašimti(ta); — 39 ráṭêšun; — 40 st. admû, ba-aš-ta l. atmû, baṭilta; — 53 ušakki(i)ma; — 54 st. aḫrâtan l. aḫrâtaš; — 55 st. uṭîbûni l. ulûni; — 57 ḳarrad; — 63 st. sûsi l. piri (auch St. 60. Sil. 19. G. 22. A. 14); — 62 st. ḳiṣir l. ḳišir (auch im Comm. dazu u. St. 58); — 68 mudiššat ḫiaḫi (auch St. 85). — Stierinschr. 22 Rapiḫi; — 33 tuklâtišu; — 67 lišân; — 72 šutâḫûtê ša 1 gar; — 79 tabrâtê; — 84 noch dazu: ša šid šadi Bêl mukin. — Silberinschr. 35 st. ḳiṣrat l. ḳišrat; — 37 st. uḫabbirma l. uḫappirma. — Goldinschr. 20 st. êpušma l. urûnna.

Zur Übersetzung. Cylinder 18 st. entleerte(?) l. verwüstete; — 34 st. forschende l. verständige (auch St. 36), st. Nachbargebiete l. den Boden (auch St. 38): — 37 st. die verfallenen Betten des Wasserlaufes l. Wasserbetten herzustellen; 40 st. *atmû* l. *atmû*, st. *akâ* l. Schwachen(?), st. schlechten Geruch l. . . . . . ; — 41 st. Leben(?) l. Herrlichste(?); — 54 st. des grossen Baumeisters der Welt l. des Tempels Dimgal-kalama; — 55 st. Propheten l. *nabê*; — 57 st. *ṣaddê* l. Fallen; — 67 st. ihren l. ihr, st. weit machte l. bringt; — 71 st. Neugründung(?) l. Stadt(?); — 75 st. Geheiss l. Gebet (auch B. 56); — 76 st. Bauten l. Statuen (auch St. 103. B. 58). — Stierinschr. 50 Tempeltag(?); — 75 st. Bergwidder l. Bergochsen(?); — 78 streiche das Wort „schön"; — 101 st. Faltung l. Werk, st. angenommen werden bei ihnen l. von ihnen begünstigt werden; — 102 st. *kissê* l. Heiligthümer(?). — Silberinschr. 37. l. 10 Grossellen (tief) grub ich und. — Goldinschr. 19 s. Commentar.

Vorbemerkungen.

I.

Sargon, seine Person und sein Name.

Die vor vierzig Jahren auf der Stätte des jetzigen Dörfchens Chorsabad, ungefähr sechzehn Kilometer nördlich von Ninevo, ausgeführten französischen Ausgrabungsarbeiten haben nicht allein die Trümmer einer altassyrischen Stadt Namens Dur-Sarruken mit ihren Palästen, Tempeln und Thoren, sondern zugleich zahlreiche Literaturdenkmäler des mächtigen Königs, welcher sie zu seinem Ruhme erbaut, an das Tageslicht gefördert. Der Name dieses gewaltigen Herrschers war bis dahin nur durch Jesaias 20, 1 der Geschichte bekannt; man glaubte aber lange Zeit in dem Worte סרגון keinen Eigennamen, sondern vielmehr lediglich einen Königstitel sehen zu sollen. Jetzt wissen wir nicht allein, dass Sargon wirklich ein assyrischer König war, sondern wissen auch, dass er der glanzvollsten einer gewesen ist — es ist kein anderer, als der siegreiche Bekämpfer Ägyptens, der Eroberer Samariens, welcher dem nord-israelitischen Reiche ein Ende machte (2 Kg. 18, 10 f.), der Besieger des stolzen Babylon, der allen Ländern Tribut auferlegte — der assyrische Grosskönig Sargon.

Über die Herkunft dieses Königs finden wir weder in seinen eigenen zahlreichen Inschriften noch in der übrigen assyrischen Literatur den erwünschten Aufschluss. Zwar spricht er in allgemeiner Weise von den Königen seinen Vätern, z. B. Cylinderinschrift 48, und dies führt auf die Vermuthung, dass er fürstlichen Geblütes gewesen. Diese Vermuthung wird auch durch Inschriften Asarhaddons bestätigt, worin derselbe sich als Enkel Sargons, Königs von Assyrien, Abkömmling (*ublibbi*) Bêlbânis, Königs von Assyrien, Sohnes des Adasi, Königs von Assyrien, bezeichnet. (Vgl. hierzu George Smith in Zeitschr. f. Ägypt. Spr. 1869. S. 93. Eine der Thontafeln des Britischen Museum mit dieser historischen Angabe trägt die Nummer K. 2801.) Doch beweist die Nichterwähnung des Namens seines Vaters, dass dieser kein eigentlicher König von Assyrien war, und macht es wahrscheinlich, dass Sargon sich durch Usurpation des Thrones bemächtigt habe. Unzweifelhaft war er der Gründer einer neuen Dynastie, des letzten und mächtigsten aller assyrischen Herrschergeschlechter, welchem Sanherib, Asarhaddon und Asurbanipal angehörten.

Der Königsname selbst findet sich in sechsfacher Weise geschrieben, siehe Cylinderinschr. 1. III Botta 6, 1. Cylinderinschr. 23 Var. L₂. Cylinderinschr. 23 Var. P₂. Silberinschr. 1. III R 2 No. 1, 4. In allen diesen verschiedenen Schreibweisen ist das erste Zeichen eins der wohlbekannten Ideogramme für *šarru* „König". Die zweite Hälfte des Namens besteht bald in den Zeichen *gi-na* bez. *du* (*gin*), bald in *u-kin*(*kên*). *Gi-na* aber ist ein Ideogramm, welches II R 13, 33 c'd und sonst durch assyr. *kênu* (geschrieben *ki-nu*), eine Ableitung von כין,

erklärt ist. Das Zeichen *du* mit der nichtsemitischen Aussprache *gin* ist ebenfalls durch Sc 283 als Äquivalent des assyrischen *kânu* bezeugt. Ist nun diese zweite Hälfte des Namens als Verbum oder Adjectiv zu fassen? Schrader, der diesen Namen an verschiedenen Stellen besprochen hat, giebt ABK. 158 ff. eine Auseinandersetzung der beiden Möglichkeiten und erklärt sich dabei für die erstere. So auch in seiner Ausgabe der Sargonsstele S. 28 f. und in KAT². 392. Die Schreibweise *Šarru-u-kin*(*kîn*) III R 2 No. 1, 4 und solche Namen wie *Šamaš-šum-ukîn* V R 4, 6, wo *gi-na* sicher als Verbum aufzufassen ist, ebenso wie das *du* in den Eigennamen *Nabû-šum-ukîn*, *Nabû-bêl-ukîn*, *Nabû-kîn-pal* II R 61 col. III 37—39, sprechen in der That für diese Erklärung. Zu deuten wäre der Name hiernach: „Er (sc. Gott) setzte den König ein." Andere Beispiele solcher Eigennamen mit weggelassenem Gottheitsnamen sind z. B. *Nâṣir-pal*, *Pal-uṣur*, *Balâṭsu-uṣur*, *Nâṣir-dûr* u. a. m., vgl. ABK. 151 ff.

Trotz alledem möchte ich der anderen Möglichkeit den Vorzug geben, und dies wegen der Deutung, welche Sargon selbst in der Cylinderinschr. Z. 50 von seinem Namen giebt. Er sagt hier, die Götter hätten ihm seinen Namen gegeben, damit er Recht und Gerechtigkeit wahre, die Machtlosen recht leite, die Schwachen nicht schädige. Diese Deutung scheint ihren vollen Werth nur dann zu haben, wenn der Name Sargon etwas wie „treuer, wahrer, beständiger, gerechter König" bedeutet. Hiermit stimmt auch II R 48, 40 a. b, eine Stelle, die sich ziemlich gewiss auf den babylonischen König Sargon von Agade bezieht: *Šarru-kênu* (geschr. *gi-na*) *šar kêttâ dâbib kêttâ dâbib damķâtî*, d. h. „Sargon, König des Rechts, der auf Recht sinnt, der auf Gnade sinnt." Meine Lesung *kênu* statt *kînu* gründet sich auf Stellen wie Cylinderinschrift 3: *rê'âm kê-ê-nu*, vor allem aber V R 4, 6 Var: *aḫâ lâ kê-ê-nu* verglichen mit I R 8 No. 1, 5: *aḫâ nu gi-na*.

Für die symbolische Verwendung der Schriftzeichen, mit welchen der Name *Šarrukênu* geschrieben wird, vgl. den zu Cylinderinschr. Z. 65 citirten Aufsatz Friedrich Delitzsch's.

Die Regierungszeit Sargons fällt in die Jahre 722 bis 705 v. Chr. (vgl. Geo. Smith: *The Assyrian Canon*, London); sie endete mit der Ermordung des Königs. Die Eroberung Samariens fiel in das erste, die Babylon's in das zwölfte Regierungsjahr. Einen sehr guten Überblick über die chronologischen Daten und die Literaturdenkmäler Sargons giebt Schrader KAT.² 302—407.

II.

Zur Originaltextausgabe.

Dass ich die von mir übersetzten und erklärten Texte auch in Keilschrift gebe, hat darin seinen Grund, dass die bisherigen Ausgaben vieles zu wünschen übrig lassen. Für den Fortschritt des assyrischen Studiums ist treue Wiedergabe der Originale Grundbedingung. Viele Schwierigkeiten lösen sich, sobald man den richtigen Text hat. Zu gleicher Zeit hoffe ich, mit meiner Ausgabe einen nicht unwillkommenen Beitrag zur assyrischen Paläographie zu liefern. Nur durch Autographie oder Lithographie ist es ja möglich, die Originaltexte, welche innerhalb beschränkter Grenzen das Gepräge von Handschriften, (theilweise nicht fehlerlosen, tragen, genau und treu wiederzugeben. Meine Ausgabe beruht durchgängig auf eigenhändiger Abschrift; wie sie sich zu den Arbeiten meiner Vorgänger verhält, findet der Leser in meinen kritischen Textanmerkungen.

1. Cylinderinschrift. Von diesem Texte sind vier Exemplare vorhanden, zwei im Louvre zu Paris und zwei in London; ich habe sie als P₁ = Pariser 1, P₂ = Pariser 2,

L_1 = Londoner 1, L_2 = Londoner 2 bezeichnet. Der Text steht auf Thoncylindern von der Form kleiner Fässer (*barrels*), und zwar laufen die Schriftzeilen über die Langseiten des Cylinders nach deren ganzen Länge.

P_1 ist der Text, welcher meiner Ausgabe zu Grunde liegt. Ich habe versucht ihn möglichst treu wiederzugeben, und nur in den wenigen Stellen etwas von den andern Cylindern ergänzt, wo P_1 beschädigt ist. Dieser Cylinder ist klar geschrieben und gut erhalten. Seine Länge beträgt 20, sein Umfang am Ende 26 und der in der Mitte 35 cent. Seine 9 gleichen Flächen haben je 9 Schriftzeilen, ausser der letzten, die nur 5 Zeilen hat, im Ganzen 77. Die 10 Zeilen 34—43 sind diesem Cylinder eigenthümlich; leider sind sie besonders am Zeilenende in einigen Fällen unlesbar.

P_2 ist schön und klar geschrieben, und von allen Cylindern am besten erhalten. Seine Länge beträgt 23, sein Umfang am Ende 26, in der Mitte 40 cent. Er hat 10 Flächen mit je 7 Schriftzeilen, ausgenommen die erste mit 8, die dritte mit 6 und die zehnte mit 4, im Ganzen 67.

L_1 ist der Cylinder des Britischen Museum, und nicht so gut erhalten wie die beiden zu Paris. Die Länge beträgt 21, der Umfang am Ende 21, in der Mitte 38 cent. Er hat 9 gleiche Flächen, wovon 8 je 8 Schriftzeilen haben, die neunte aber nur 3, im Ganzen 67.

L_2 befand sich im vorigen Jahre in den Händen des Herrn T. K. Lynch, eines Privatmannes zu London. Leider sind meine damaligen Versuche, diesen Text zu sehen, misslungen. Mr. Pinches vom Britischen Museum übernahm später gütigst die Collation. Die Varianten sind unbedeutend und der Cylinder ist zudem so beschädigt, dass er zur Bearbeitung ziemlich untauglich ist.

Die zahlreichen Varianten zu meiner Textausgabe stammen von den eben beschriebenen drei andern Cylindern, von *The Cuneiform Inscriptions of Western Asia* I 36 und von Opperts *Dour-Sarkayan* 11—20. Wo eine Variante ohne Angabe der Quelle steht, so will das sagen, dass sämmtliche andre Cylinder so lesen, z. B. S. 1 No. 9. Die Londoner Ausgabe und die Oppert'sche habe ich nur dann angeführt, wo sie nach meinen Copien und Collationen von sämmtlichen Cylindern abweichen. Eine vollständige Wiedergabe aller Abweichungen hätte aber zu weit geführt. Es giebt nämlich manche Abweichungen, die man Fehler nennen kann. Es sind im Assyrischen mehrere Formen für dasselbe Zeichen gebräuchlich, und wenn man eine besondere Form jedesmal für ein Zeichen anwenden will, so darf man es thun; wenn aber diese Form dem Original nicht jedesmal entspricht, so ist die Ausgabe, obgleich nicht falsch, doch nicht genau. Z. B. I R 36 bedient sich stets eines geläufigen Zeichens für *li* (vgl. Z. 3. 4. 6. 8), obgleich die Cylinder nicht immer dieselbe Form zeigen. Die Oppert'sche Ausgabe sündigt in den entgegengesetzten Richtung. Sie hat nämlich einen zu grossen Reichthum an Formen, z. B. drei für *bu* (vgl. *Dour-Sark.* 2. 9. 44), vier für *ki* (3. 4. 34. 41), fünf für das grosse Bindezeichen *u* (1. 6. 34. 37. 42), fünf für *dûru* „Mauer" (5. 12. 17. 65. 70), sechs für *ub* (34. 43. 44. 49. 51. 61), sieben für *šar*, *hir* (11. 20. 31bis. 36. 46. 52) und neun für *li* (3. 4. 6. 14. 18. 31. 33. 38. 53). Solche Varianten in den beiden früheren Ausgaben, die ich für falsch halte, habe ich natürlich angeführt, auch eine Auswahl derer, die ungenau sind, ohne falsch zu sein. Von falschen Zeichen bei R vgl. z. B. die Varianten S. 2 No. 6 und 30, S. 3 No. 6. S. 11. 20, und bei Oppert die Varr. S. 1 No. 5, S. 2 No. 9. 11. 33. 35. 37. Von Zeichen, die bei R fehlen, vgl. S. 2 No. 24—24, S. 3 No. 17. 24, S. 5 No. 15. 40, und bei Oppert S. 1 No. 3, S. 2 No. 17. 22, S. 3 No. 5. S. 4 No. 2. 27. Von überflüssigen Zeichen bei R vgl. S. 1 No. 14, S. 2 No. 36 und bei Oppert S. 2 No. 2, S. 3 No. 12—12, S. 7 No. 10.

Meine Ausgabe bietet auch eine Zahl assyrischer Varianten, die offenbar Fehler des Schreibers sind, z. B. S. 1 No. 10, Z. 34 der Cylinderinschrift verglichen mit Z. 37 der Stierinschrift, S. 10 No. 27 (Lesart des L_1), S. 10 No. 25, S. 11 No. 36 (falls die beiden letzten

Varr. nicht dem beschädigten Zustand des L$_2$ zuzuschreiben sind) und S. 12 No. 17. Von unbedeutenden Abweichungen sind zu erwähnen solche wie S. 1 No. 2. 17. 18. 19. 22. u. a. m.

Die einzelnen Textzeilen mussten in meiner Ausgabe des Cylinders Raummangels wegen gebrochen werden; doch habe ich in keinem Falle bewusst ein assyrisches Wort getheilt.

2. Stierinschrift. Dieser Text ist auf Stiercolosse und zwar in grosse Platten zwischen den Beinen derselben eingemeisselt. Solcher steinerner, geflügelter Stiercolosse, welche paarweise an den Eingängen des Sargonpalastes in Dur-Sarruken aufgestellt waren und ebendort gefunden worden sind, besitzt das Louvre drei vollständig erhaltene und ausserdem noch den Abguss eines vierten. Jeder Stier hat einen Menschenkopf mit langem gelocktem Haar und Bart und ruhig dreinschauendem, erhabenem Antlitz. Auf dem Kopfe ruht eine Krone, an welche sich vier Hörner, je zwei auf einer Seite, anschmiegen. Die Ohren sind die eines Stieres, aber sehr klein, und mit Ohrringen versehen. Das Thier hat fünf Beine, so dass es, gleichviel von vorn oder von der Seite betrachtet, stets den Eindruck der Vollständigkeit macht. Jeder Stier hat zwei Inschriftenplatten, vier Platten je zweier Stiere enthalten jedesmal die ganze Inschrift. Grösse der Platten, Zeilenzahl und Zeilentheilung ist bei den verschiedenen Stieren verschieden.

Ausgaben dieses Textes haben wir von Botta in seinem *Monument de Ninive* und von Oppert in seinem Werke *Dour-Sarkayan* S. 3—9. Botta giebt die Inschrift mehrere Male nach den verschiedenen Stierpaaren. Das genannte Prachtwerk sind freilich, wie bekannt, nicht alle Assyriologen im Stande in eigenem Besitz zu haben. Opperts Ausgabe gründet sich auf das Botta'sche Werk. Die meinige giebt den Text beider Stiere des Louvre (von mir mit 1 und 2 bezeichnet, und = III Botta 48 ff.) direct nach den Originalen. Der Text ist vollkommen erhalten und die Zeichen des Stieres No. 2 sehen so frisch aus, als wären sie gestern gemeisselt. Die Zeilen jeder Platte sind durch Linien von einander getrennt und ähnliche Linien umschliessen die beschriebene Fläche.

Die I. Platte des Stieres 1 befindet sich zwischen dem rechten Vorder- und dem linken Hinterbein und ist 78$\frac{1}{2}$ cent. lang, 85 cent. tief; sie enthält 31 Schriftzeilen. Platte II. zwischen den beiden Hinterbeinen, 66 cent. lang, 57 cent. tief, 21 Zeilen. Platte III, zwischen den beiden Hinterbeinen des Stieres 2, 64 cent. lang, 60 cent. tief, 22 Zeilen. Platte IV, zwischen dem linken Vorder- und dem rechten Hinterbein ebendieses Stieres, 78 cent. lang, 87 cent. tief, 22 Zeilen. Die beiden Platten des oben erwähnten Stierabgusses sind von Stier 1 genommen, nur ist ihre Grösse etwas kleiner, nämlich 72 × 78 und 61 × 52 cent. resp., was durch Zusammenschrumpfung des nassen Gypses verursacht ist. Von den Platten des von mir mit No. 3 bezeichneten Louvre-Stieres hat die erste 22 Zeilen und eine Grösse von 69×56 cent., die zweite 26 Zeilen und eine Grösse von 95×74 cent. Die Schrift ist gut erhalten, aber nicht so schön und klar als auf den Stieren 1 und 2.

Die Varianten, die meine Ausgabe von Z. 57 an bietet, ohne dass ihre Quelle jedesmal genannt wäre, entstammen dem Texte des Stieres No. 3. Von Z. 90 an gebe ich auch einige Varianten von einem Fragment einer Stierplatte im Louvre. Die Variantenangabe aus Opperts *Dour-Sarkayan* ist nur gering. Im Ganzen genommen, ist die Stierinschrift entschieden der beste Theil des Oppert'schen Werkes.

3. Bronzeinschrift. Diesen Text, welchen ich hier zum ersten Mal veröffentliche, sowie die drei folgenden, könnte man Fundamentinschriften nennen, denn sie wurden alle im Jahre 1854 im Fundament des Sargonpalastes gefunden. Jetzt sind sie im Louvre. Drei andre Texte, welche in dem nämlichen Steinkasten gefunden wurden, sind im Tigrisflusse untergegangen. Wie die drei kleineren der erhaltenen Texte erzählen, legte Sargon sämmtliche sieben in dem Fundament seines Palastes nieder. Die Bronzeinschrift steht auf den zwei Seiten einer Bronzetafel von 19$\frac{1}{4}$ cent. Länge, 12 cent. Breite und ^{2},$_5$ cent. Dicke. Jede Seite hat 30 durch tiefe Striche getrennte Schriftzeilen. Wie in der Silberinschrift sind die Zeichen nicht

gravirt, sondern durch Hiebe auf den Meissel eingeschlagen. Die Vorderseite des Originals ist für den mit dem Cylindertext Vertrauten leicht zu lesen, doch sind die Anfänge einiger Zeilen sehr verrostet, einige sogar von Rost ganz weggefressen. Die Rückseite ist viel schlechter erhalten, ja die erste Hälfte fast ganz verloren. Meine Ergänzungen sind dem Cylindertext entnommen, von welchem die Bronzeinschrift nur unbedeutend abweicht. Das Interessanteste dieses Textes ist, wie in der Sargonsstele, die eigenthümliche bunte Mischung der alterthümlicheren und jüngeren Keilschriftzeichen, vgl. z. B. die Zeichen *ihu* Z. 4, *śu* Z. S. 20, *uu* Z. 1. 2.

4. **Silberinschrift.** Die Silbertafel ist c. $11\frac{3}{4}$ cent. lang, 6 cent. breit. Die Ränder sind nach innen etwas eingebogen. Wie die Thontafeln, nimmt die silberne, ebenso die goldene Tafel nach dem Mittelpunkte hin etwas an Dicke zu. Der grösste Durchmesser beträgt an beiden Enden $3\frac{1}{10}$, an beiden Seiten $3\frac{?}{5}$ und im Mittelpunkte der Tafel $3\frac{?}{4}$ cent. Gewicht: 435 Gramm. Die Vorderseite hat 25, die Rückseite 26 Schriftzeilen. Mehrere Zeichen sind ziemlich verrostet, indess an nur wenigen Stellen ist die Lesung zweifelhaft. Die Oppert'sche Ausgabe dieses sowie der beiden nächsten Texte (*Dour-Sarkayan* 23—27) ist vom kritischen Standpunkte aus einfach werthlos, da sie von Fehlern wimmelt und überhaupt nicht nach dem Original, sondern nach einer Umschrift gearbeitet ist. Für Beispiele und Beweise siehe die Varianten. Ausser falschen Lesungen habe ich auch einige ungenaue Zeichen, z. B. *mu* und *mu*, angeführt. Daraus, dass Oppert nicht die Originaltexte selbst, sondern eine Rücktranscription seiner lateinischen Charactere in assyrische Zeichen veröffentlicht hat, will ich dem Verfasser keinen Vorwurf machen; wenn dies aber von dem Autor nicht ausdrücklich angegeben wird, wie umsonst müht sich dann der Assyriolog, der das Buch gebraucht? Es giebt Schwierigkeiten, ja Unmöglichkeiten in der Oppert'schen Ausgabe, deren Lösung man gewiss nie versuchen würde, hätte man eine Ahnung von ihrem wahren Charakter.

5. **Goldinschrift.** Die Goldtafel, auf deren beiden Seiten dieser Text steht, ist 8 cent. lang, 4 cent. breit. Der grösste Durchmesser am Ende, an der Seite und im Mittelpunkte ist $\frac{1}{3}$ bez. $\frac{1}{2}$ oder $\frac{2}{3}$ cent. Gewicht: 167 Gramm. Die Ränder sind ein wenig nach innen eingebogen. Die Zeichen sind deutlich gravirt und gut erhalten. Jede Seite hat 20 durch tiefe Striche geschiedene Zeilen. Opperts Ausgabe theilt nur 22 Zeilen ab (*Dour-Sarkayan* 23 f.).

6. **Antimoninschrift.** Tafel einer weissen, weichen Steinart von 10 cent. Länge, 6 cent. Breite und c. 1 cent. Dicke. Sie schwillt nach dem Mittelpunkte nur wenig an, die Ränder aber sind gerade. Die Vorderseite hat 15, die Rückseite 10 Inschriftzeilen. Am Ende sind noch 4 Linien gezogen, doch unbeschrieben, ausserdem ein leerer Raum von der Breite einer Zeile. Die zweite Hälfte der ersten Zeile ist etwas beschädigt, aber die Zeichen sind so tief geschnitten, dass man dieselben trotzdem noch deutlich erkennen kann. Eigenthümlich lang sind die Keile in einigen Fällen, z. B. *mu*, *us* Z. 9. Von alterthümlichem Schriftgepräge findet sich kaum eine Spur.

Dass meine eigenen Textausgaben fehlerfrei seien, bin ich nicht kühn oder eitel genug zu behaupten, doch darf ich wohl bescheiden hoffen, dass der Sachverständige einen Fortschritt in meiner Arbeit erkennen wird.

III.

Zur Transscription.

Meine Transscription ist wesentlich die in Delitzsch's Assyrischen Lesestücken, 2. Aufl.,
befolgte. Meine Umschrift der Sargontexte war im Druck schon längst vollendet, als Paul
Haupt in seinem Aufsatz über die Zischlaute im Assyrischen (Nachrichten von der Göttinger
Ges. d. Wiss. vom 25. Apr. 1883) für mehrere Keilschriftcharaktere eine andere Umschrift
und für die Zischlaute *š* und *s* eine andere sprachgeschichtliche Auffassung in Vorschlag
brachte. Da meine Ansicht von der Natur der assyrischen Zischlaute durch diese Abhandlung
in keiner Weise erschüttert worden ist, habe ich keinen Grund, an meiner Umschrift nach
dieser Seite hin etwas zu ändern. Ein näheres Eingehen auf diese durch Paul Haupt in
dankenswerther Weise von neuem in Fluss gebrachte Zischlautfrage ist mir hier selbstverständlich
versagt. Dagegen habe ich mich über einige andere Punkte kurz zu äussern.

1. Weglassung der Bindestriche und Determinative. Die einzelnen Wörter in
Sylben zu trennen habe ich ebenso, wie die Determinative in der Umschrift wiederzugeben,
deshalb für unnöthig gehalten, weil ersteres im Glossar geschehen ist, im übrigen jeder leicht
im Originaltext nachsehen kann. Derartige Wortschrift ist natürlich nur statthaft, wenn der
Urtext beigegeben ist. In den Fällen, wo Lesung oder Bedeutung zweifelhaft war, wurde die
Trennung in Sylben beibehalten.

2. Bezeichnung der Vocallänge. Dieselbe beruht theils auf der Etymologie, theils
auf der assyrischen Schreibweise der betreffenden Wörter in den verschiedenen Keilschrifttexten.
Da nur umfassendste Belesenheit auf diesem schwierigen Gebiet ein verlässiger Rathgeber sein
kann, so bitte ich von vornherein um Nachsicht, wenn ich in diesem Stücke hier oder
dort gefehlt haben sollte.

3. Verdoppelung oder einfache Consonantenschreibung. Es ist bekannt, dass
die Assyrer durch Consonantenverdoppelung sowohl die Tonsylben als die Vocallänge bezeichneten (vgl. A. H. Sayce, *Assyrian Lectures* S. 49 f.). Ein Beispiel des ersteren ist *iš-tak-ka-nu*,
sprich *ištákanu*, Form I 2 von *šakânu* Cyl. 16. Wo in anderen Fällen ein Consonant im
Original nicht geschrieben ist, obwohl ihn die grammatische Form verlangt, habe ich ihn in
der Umschrift dennoch mitgegeben, z. B. in *mupaššiṭu* Silberinschr. 50. Goldinschr. 38, wo
das Wort *mu-pa-šiṭ-ṭu* geschrieben ist, trotzdem aber, trotz des Einen *š*, Participium des Piel
sein muss, wie das Präsens *u-pa-aš-ša-ṭu* der Parallelstellen Cyl. 76 Var. Stierinschr. 104 lehrt.
Das Wort *unakkaru*, Präsens II 1 von *nakâru*, findet sich geschrieben *u-nak-kar-u* Cyl. 76,
u-nak-kar-ru-u ib. 76 Var., *u-nak-kar-ru* St. 103, *u-na-kar-u* Bronzeinschr. 57; die grammatische Form aber ist in allen Fällen die gleiche. deshalb habe ich an allen Stellen auch
gleich transscribirt. Ebenso wurden natürlich auch in den einander parallelen Stellen Cyl. 3.
St. 4. Bronzeinschr. 6 *u-šé-ṣ-ṣu-u* und *u-šé-ṣu-u* gleichmässig *ušéṣâ* umschrieben. Der Unterschied ist eben lediglich graphisch. Auch hier hat völlige Consequenz möglichste Beherrschung
der assyrischen Literatur zur nothwendigen Voraussetzung.

4. Vocal *ê*. Hier schliesse ich mich der von Pognon in seiner Schrift *L'Inscription
de Bavian* pag. 105 näher begründeten Ansicht an. Pognon meint, dass in gewissen assyrischen
Verbalformen, wie im Syrischen und Hebräischen, ursprüngliches *i* zu *é* geworden sei, und
glaubt ferner, dass im Assyrischen alle *i*-Zeichen ebenfalls mit für *é* gebraucht wurden, aber
nicht umgekehrt. Mein *ê* giebt denselben Laut wieder wie Pognon's *é*, Oppert's e (*Dour-
Sarkayan*), Schrader's *i̯* (vgl. des Genannten Sargonsstele) und Lotz's *i* (vgl. dessen Tiglathpileser). Durch Vergleich einer Masse von Paralleltexten gewinnt man in der That die Über-

zeugung, dass die Zeichen, welche in Delitzsch's Lesestücken, Schrifttafel No. 45 und 197, durch *ti* resp. *ti* wiedergegeben sind, in vielen Fällen gleichlautend ausgesprochen wurden. Vgl. z. B. Cylinderinschrift S. 2. No. 7. 31. 31. S. 3. No. 4. 19. 33. Eben dieses gilt aber auch von vielen andern Zeichen (Schrifttafel No. 230 wie 275, 245 wie 197 u. s. f.). Die Assyrer machten, wie mir scheint, ursprünglich keinen Unterschied in der Schrift für die *i*- und *ê*-haltigen Sylben; später aber besonderten sie für gewisse Sylben mit *ê*, obwohl nicht für alle, bestimmte Zeichen. So erhielten sie für etliche Sylben mit *ê* die Auswahl zwischen zwei Zeichen. Einige Inschriften scheinen in diesem Punkte consequenter als andre, vgl. z. B. die Varianten zur Cylinderinschrift, wie oft da die andern Cylinder das Zeichen für *tà* anstatt jenes für *ti* in Cylinder P₁ gebrauchen. Das *ê* wird vor allem für den Plural durchgängig eingeführt werden müssen, also *nâšê*, *malkê*, *kakkê* Cyl. 5. 6. 7. In der Schreibung *šu-mê-šu* Stier 4 zeigt sich vielleicht des Schreibers Bewusstsein der Etymologie des Wortes (? שמה?). Wo immer meine Umschrift *ê* bietet, ist dieses entweder dem Texte selbst oder Paralleltexten oder andern Inschriften, in denen die betreffenden Wörter vorkommen, entnommen, oder aber es stützt sich auf Analogie und Etymologie.

IV.
Zur Übersetzung.

Sämmtliche Texte, ausser der Bronzeinschrift, hat Jules Oppert in seinem Werke *Dour-Sarkayan* ins Lateinische, sämmtliche, mit Ausnahme der Bronze- und Silberinschrift, auch ins Französische übertragen. Die Stier-, Silber-, Gold- und Antimoninschrift erschienen von dem nämlichen Gelehrten auch in englischer Übersetzung in den *Records of the Past* XI (1878) pag. 17—40. Der Sachverständige wird zu beurtheilen haben, welcher von uns beiden in unseren zahlreichen Abweichungen Recht hat, beziehentlich ob wir beide gefehlt haben. Immerhin glaube ich sagen zu dürfen, dass keine ganz absonderliche Kenntniss des Assyrischen nöthig ist, um meiner Übersetzung in manchen Punkten den Vorzug zuzuerkennen. Allerhand bleibt noch immer dunkel; manches ist in der Oppert'schen Übersetzung entschieden unrichtig, ja unmöglich. Natürlich will ich aber hiermit einem Gelehrten wie Oppert, dessen bahnbrechende Verdienste auf dem Gebiete der Keilschriftforschung noch von niemandem bestritten worden sind, keinen Vorwurf machen — trotz häufigen Irrens und Fehlens bleibt in den grossen Hauptpunkten seine Übersetzung dennoch unantastbar.

Ich schliesse hier wenige Worte an betreffs des Inhaltes der von mir behandelten Texte. Ihr Hauptzweck ist die Beschreibung der Erbauung der Stadt *Dûr-Šarrukên*. Diesem Thema geht in der Cylinder- und Stierinschrift eine lange Übersicht über Sargon's Eroberungen voraus, welche indess nicht chronologisch, sondern grossentheils geographisch geordnet ist. Zwischen Eroberungen und Stadtbau schaltet einer der vier Cylinder noch zehn Zeilen (34—43) ein, welche Sargons sonstige Thätigkeit zur Wohlfahrt seines Landes rühmend hervorheben.

V.
Zum Commentar und Glossar.

Der Zweck des Commentars ist die Rechtfertigung der Übersetzung und die Besprechung
der schwierigeren Stellen.   An die Deutung einiger mir völlig dunkeler Wörter habe ich
mich nicht gewagt.   Wo Oppert's Übersetzung citirt ist, so ist seine letzte Ausgabe in den
Records of the Past vol. XI, und nur, wenn die betreffenden Abschnitte sich hier nicht
finden, seine ältere Ausgabe in *Dour-Sarkayan* gemeint.

Das Glossar will nichts mehr als ein Verzeichniss der im Texte vorkommenden Wörter
sein, bestimmt diese letzteren da, wo man sie am ehesten sucht, auch zu finden.   Deshalb
habe ich auch in Fällen, wo der Stamm noch unbekannt ist, einen solchen eingesetzt, um den
Gebrauch des Glossars zu erleichtern.   Weitere Forschungen werden hier gar mancherlei nach-
zubessern haben.

Zum Schlusse danke ich den Behörden des Britischen Museum und des Louvre für die
Bereitwilligkeit, mit welcher sie meine Studien erleichtert und gefördert haben.   Herrn Theo.
G. Pinches vom Britischen Museum bin ich zum speciellen Danke verpflichtet für die Collation
des Cylinders L₂, nicht minder Herrn Dr. G. N. Strassmaier, der mir seine Abschrift eines
Theils von Cylinder P₁ zur Vergleichung mittheilte.   Vor allem aber gilt mein Dank meinem
lieben und hochverehrten Lehrer, Herrn Prof. Dr. Friedrich Delitzsch, welcher aus dem Schatze
seiner Sammlungen und der Fülle seiner assyrischen Kenntnisse diese Schrift auf mannigfache
Weise bereichert hat.

Cambridge, im September 1883.

D. G. L.

Original Texte.
No 1. Cylinder-Inschrift?

1) L1: ⸗, abgebrochen bis ⸗. 2) P2: ⸗, L1: ⸗. 3) Op. fehlt.
4) ⸗. 5) Op: ⸗. 6) L1: ⸗. 7-7) L1 abgebr. 8) L1: ⸗ ⸗, R: ⸗.
9) ⸗. 10) P1 lässt ⸗ durch Versehen des Schreibers weg.
11) L1 L2: ⸗. 12) R: ⸗. 13) L1: ⸗. 14) R. dazw. ⸗ ⸗. 15) Op: ⸗. 16) X.
17) L1: ⸗. 18) L1: ⸗. 19) L1: ⸗. 20) ⸗. 21) Op: ⸗. 22)
L1: ⸗. 23) L1 L2: X.

Cylinder - Inschrift?

7 [cuneiform text]

8 [cuneiform text]

9 [cuneiform text]

10 [cuneiform text]

11 [cuneiform text]

12 [cuneiform text]

13 [cuneiform text]

---

1) P₂ noch [cuneiform] dazu. 2) Op. dazu. [cuneiform]. 3) [cuneiform]. 4) L₁: [cuneiform]. 5) Op: [cuneiform]. 6) R: [cuneiform].
7) [cuneiform]. 8) X. 9) L₁: [cuneiform], Op: [cuneiform]. 10) X. 11) Op: [cuneiform]. 12) L₁ L₂: [cuneiform]. 13)
X. 14) P₂ L₂ noch [cuneiform] dazu. 15) dazu [cuneiform]. 16) Op [cuneiform]. 17) Op. fehlt.
18) L₁: [cuneiform]. 19) L₁: [cuneiform]. 20) P₂: [cuneiform], L₁ L₂: [cuneiform]. 21) L₁ L₂: [cuneiform]. 22) Op. fehlt. 23) [cuneiform]. 24)
R. fehlt. 25) P₂: [cuneiform]. 26) Op: [cuneiform]. 27) [cuneiform]. 28) L₁: [cuneiform]. 29) P₂ L₂: [cuneiform]. 30) R: [cuneiform].
31) [cuneiform]. 32) Op: [cuneiform]. 33) Op: [cuneiform]. 34) [cuneiform]. 35) L₁: [cuneiform], Op: [cuneiform]. 36) R. dazu [cuneiform].
37) Op: [cuneiform]. 38) P₂: [cuneiform], L₂: [cuneiform]. 39) R: [cuneiform]. 40) L₁: [cuneiform].

14 [cuneiform]

15 [cuneiform]

16 [cuneiform]

17 [cuneiform]

18 [cuneiform]

19 [cuneiform]

---

1) durch falsche Trennung lässt Op. diese Z. mit [cuneiform] der vorigen Z. beginnen. 2) $L_1 L_2$: [cuneiform]. 3) Pr Li dazw. [cuneiform]. 4) [cuneiform] 5) Op. fehlt. 6) R: [cuneiform]. 7) L_1: [cuneiform].
8) R: [cuneiform]. 9) Op: [cuneiform]. 10) Op: [cuneiform]. 11) R: [cuneiform], Op: [cuneiform]. 12-12) [cuneiform] Op. [cuneiform].
13) Op: [cuneiform]. 14-14) [cuneiform]. 15-15) Op: [cuneiform]. 16) R: [cuneiform]. 17) R. fehlt.
18) L_1: [cuneiform], Op: [cuneiform]. 19) [cuneiform]. 20) R: [cuneiform]. 21) R: [cuneiform]. 22) R:
[cuneiform]. 23) L_1, L_2: [cuneiform]. 24) R. fehlt. 25) X. 26) P_2: [cuneiform]. 27) P_2: X. 28)
P_2: [cuneiform]. 29) Op: [cuneiform]. 30) L_1: [cuneiform]. 31) Op: [cuneiform]. 32) R: [cuneiform], Op: [cuneiform].
33) P_2: [cuneiform]. 34-34) L_2: [cuneiform].

Cylinder – Inschrift?

20 [cuneiform signs]

21 [cuneiform signs]

22 [cuneiform signs]

23 [cuneiform signs]

24 [cuneiform signs]

25 [cuneiform signs]

26 [cuneiform signs]

---

1) R: [sign]. 2) Op. fehlt. 3) R: [sign]. 4) R: [sign]. 5) L₁: [sign]. 6) R: [sign]. 7) R: [sign]. 8) P₂ L₂ dazu: [sign]. 9) R. dazu ([sign]). 10) L₁: [sign]. 11) L₁: [sign]. 12) [sign]. 13) L₁: [sign]. 14) R: [sign]. 15) L₁: [sign]. 16) P₂ L₂ noch [sign] dazu. 17) Op: [sign]. 18) [sign]. 19) P₂ L₂: AA. 20–20) P₂: [sign]. 21) Op: [sign]. 22) Op: [sign]. 23) R. fehlt, L₁: [sign], L₂: [sign]. 24) Op.: [sign]. 25) R: [sign], Op: [sign]. 26) P₂: [sign], Op: [sign]. 27) Op. fehlt. 28) R: [sign]. 29) dazu: [sign]. 30) R. Op: [sign]. 31) X. 32) [sign]. 33–33) [sign] X. 34) [sign]. 35) P₂: [sign]. 36) L₁: [sign]. 37) R: [sign]. 38) ? L₁. dazu: [sign]. 39) R: [sign]. 40) dazu: [sign]. 41) L₁ L₂: [sign]. 42–42) P₂ L₂: [sign], L₁: [sign]. 43) R: [sign]. 44) Op: [sign]. 45) L₁: [sign]. 46) R: [sign]. 47–47) [sign].

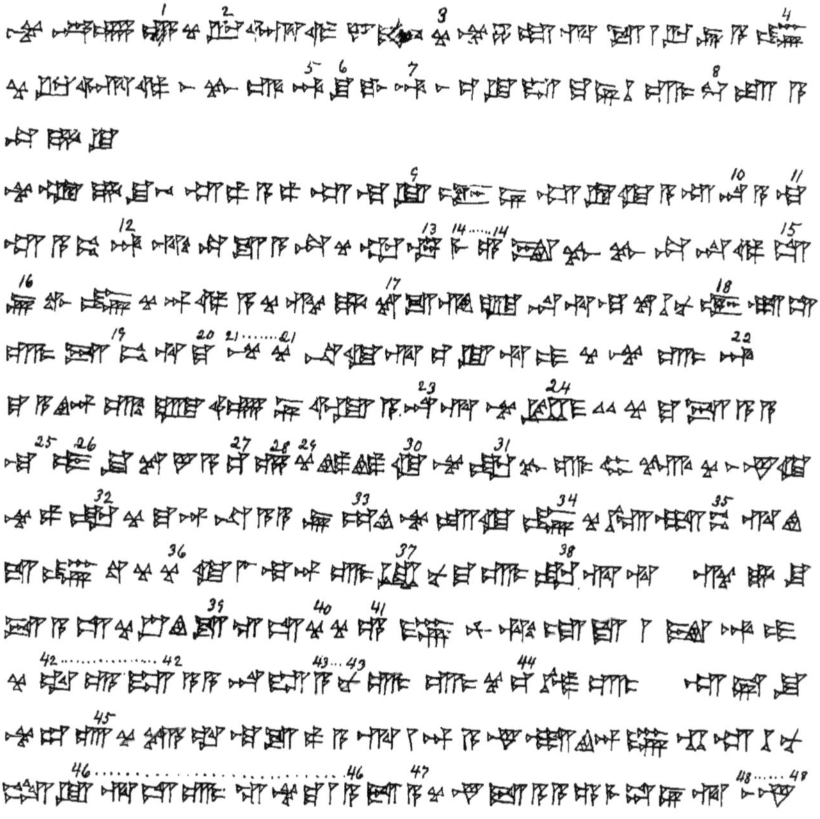

---

1) P2: [cuneiform]. 2) Op: [cuneiform]. 3) [cuneiform]. 4) R: [cuneiform]. 5) L1 L2: [cuneiform]. 6) [cuneiform]. 7) L1 L2: [cuneiform]. 8) [cuneiform]. 9) R: [cuneiform]
10) R: [cuneiform]. 11) L1: [cuneiform]. 12) Op: [cuneiform]. 13) Op: [cuneiform]. 14–14) [cuneiform]. 15) R. fehlt. 16) R: [cuneiform].
17) Op: [cuneiform]. 18) Op: [cuneiform]. 19) L1 dazw. [cuneiform]. 20) L1: [cuneiform]. 21–21) L2: [cuneiform], R: [cuneiform], Op: [cuneiform].
22) [cuneiform]. 23) R: [cuneiform]. 24) [cuneiform]. 25) P2 dazw. [cuneiform]. 26) R: [cuneiform]. 27) Op: [cuneiform]. 28) P2 noch [cuneiform],
L1 L2: [cuneiform] dazu. 29) fehlt. 30) Op. fehlt. 31) L1: [cuneiform]. 32) L1: [cuneiform]. 33) R: [cuneiform]. 34) R: [cuneiform], Op:
[cuneiform]. 35) L1: [cuneiform]. 36) R: [cuneiform]. 37) L1: [cuneiform], Op: [cuneiform]. 38) L1: [cuneiform]. 39) P2: [cuneiform](?), L1: [cuneiform]. 40)
R. fehlt. 41) [cuneiform]. 42–42) L1: [cuneiform]. 43–43) L1: [cuneiform]. 44) P2 fehlt. 45) P2:
[cuneiform], Schreibf. 46–46) L1: [cuneiform]. 47) L1 fehlt. 48–48) [cuneiform].

Cylinder Inschrift?

34 [cuneiform]

35 [cuneiform]

36 [cuneiform]

37 [cuneiform]

38 [cuneiform]

39 [cuneiform]

40 [cuneiform]

---

1) Op: [cuneiform]. 2) wird wohl [cuneiform] sein, Op: [cuneiform]. 3) Op. fehlt. 4) Op: [cuneiform].
5) Op: [cuneiform]. 6) Op: [cuneiform]. 7) Op: [cuneiform]. 8—8) Op: [cuneiform]. 9) Op: [cuneiform].
10) Op: [cuneiform]. 11) Op: [cuneiform]. 12) Op: [cuneiform]. 13) Op: [cuneiform]. 14) diese Ergänz-
ung ist fast sicher richtig, Op: [cuneiform]. 15—15) Op: [cuneiform]. 16) Op: [cuneiform].
17) Op: [cuneiform]. 18) Op: [cuneiform]. 19—19) Op: [cuneiform].
20—20) Op: [cuneiform].

41 𒀭 [cuneiform signs]

42 [cuneiform signs]

43 [cuneiform signs]

44 [cuneiform signs]

45 [cuneiform signs]

46 [cuneiform signs]

47 [cuneiform signs]

48 [cuneiform signs]

1—1) *Op.* [sign]. 2—2) *Op.* [sign]. 3) *Op.* [sign]. 4) *Op.* : X. 5) oder [sign], *Op.* [sign].
6) *Op.* [sign]. 7) *Op.* [sign]. 8) *Op.* : X. 9) *Op.* : X. 10) *Op. dazw.* [sign]. 11) *Op.* [sign].
12) *Op. dazw.* X. 13) *Op.* [sign]. 14) [sign]. 15) [sign]. 16) P₂ L₁ *dazw.* [sign]. 17) R. *Op.* : [sign].
18) L₁ : [sign], R. : [sign]. 19) P₂ : X. 20) *Op.* : [sign]. 21) L₁ *dazw.* [sign] durch Versehen
des assyr. Schreibers. 22) X. 23—23) P₂ : [sign]. 24) X. 25) R : [sign]. 26) *Op.* [sign].
27) L₁ : [sign], R. : [sign]. 28) L₁ : [sign]. 29) P₂ L₁ *dazw.* [sign]. 30—30) P₂ abgebrochen.
31) P₂ L₁ : [sign]. 32) R. : [sign]. 33) R. : [sign].

Cylinder – Inschrift?

49

50

51

52

53

54

1) L₁: [sign], Op: [signs]. 2) L₁ fehlt. 3) R: [sign]. 4–4) P₂ verloren. 5) P₂: [sign]. 6) R.Op: [sign]. 7) Op: [sign]. 8) P₂: [sign]. 9) Op: [sign]. 10) P₂ verloren bis [signs] incl. 11) R: [sign]. 12) P₂L₁ dazu [sign]. 13) R: [sign]. 14) L₁: [sign], R: [sign], Op: [sign]. 15) P₂: [sign], L₂: [sign]. 16) R. dazu [sign]. 17) L₁: [sign]. 18–18) P₂: [signs]. 19) L₁: [sign], R: [sign]. 20) P₂: [sign] 21) Op. noch [signs] dazu. 22) L₁: [sign]. 23) L₁L₂: [sign]. 24) L₁L₂: [sign]. 25) Op: [sign]. 26) R L₁ fehlt. 27–27) P₂ verloren. 28) Op: [sign]. 29) L₁L₂ dazu. [sign] 30) fehlt. 31) L₁L₂: [sign]. 32) [sign]. 33) L₁: [sign]. 34) L₁: [sign]. 35) L₁: [sign], P₂: [sign]. 36) P₂: [sign] 37–37; P₂: [signs] R. fehlt. 38) L₁: [sign] 39) L₁: [sign]. 40) P₂: [sign] 41) P₂ fehlt. 42) R: [sign]. 43) fehlt. 44) dazu [sign], Op. dazu [sign]. 45) [sign]. 46) [sign]. 47) L [sign]. 48) R: [sign]. 49) R: [sign]. 50) L₁L₂: [sign], R: [sign].

[Lines 1–49: hand-drawn cuneiform signs; not transcribable as text.]

1) L₁: ⟨sign⟩. 2) L₁: ⟨sign⟩. 3) Op: ⟨sign⟩. 4–4) R: ⟨sign⟩, Op: ⟨sign⟩ ⟨sign⟩. 5) P₂: ⟨sign⟩, Op: ⟨sign⟩. 6) R: ⟨sign⟩. 7) P₂L₁ dazu ⟨sign⟩. 8) P₂: ⟨sign⟩. 9) R: ⟨sign⟩. 10) dazu ⟨sign⟩. 11) L₁: ⟨sign⟩. 12) Op: ⟨sign⟩. 13) ⟨sign⟩. 14) R: ⟨sign⟩. 15) ⟨sign⟩. 16) R: ⟨sign⟩. 17) P₂L₂: ⟨sign⟩. 18) L₁ dazu ⟨sign⟩. 19) L₁L₂: ⟨sign⟩. 20) R: ⟨sign⟩. 21) P₂: ⟨sign⟩, L₁: ⟨sign⟩. 22) P₂: ⟨sign⟩, L₁: ⟨sign⟩. 23) R: ⟨sign⟩, Op: ⟨sign⟩. 24) R: ⟨sign⟩, Op: ⟨sign⟩. 25) Op. dazu ⟨sign⟩. 26) noch ⟨sign⟩ dazu. 27) R: ⟨sign⟩, Op: ⟨sign⟩. 28–28) P₂: ⟨sign⟩ ⟨sign⟩, L₁: ⟨sign⟩ ⟨sign⟩. 29) R. fehlt. 30) P₂: ⟨sign⟩, L₁: ⟨sign⟩. 31) R. 32) Op. fehlt. 33–33) P₂: ⟨sign⟩, L₁: ⟨sign⟩. 34) L₂: ⟨sign⟩. 35) ⟨sign⟩. 36) R: ⟨sign⟩. 37) L₁: ⟨sign⟩. 38) R: ⟨sign⟩. 39) R: ⟨sign⟩. 40) Op: ⟨sign⟩. 41) L₁: ⟨sign⟩, Op: ⟨sign⟩ ! 42) L₁: ⟨sign⟩. 43) R: ⟨sign⟩, Op: ⟨sign⟩. 44) P₂: ⟨sign⟩, Op: ⟨sign⟩. 45) P₂: ⟨sign⟩, L₁L₂: ⟨sign⟩, Op: ⟨sign⟩. 46) Op. fehlt. 47) R: ⟨sign⟩. 48) P₂L₂ dazu ⟨sign⟩, L₁ dazu ⟨sign⟩. R: ⟨sign⟩. 49) L₁: ⟨sign⟩.

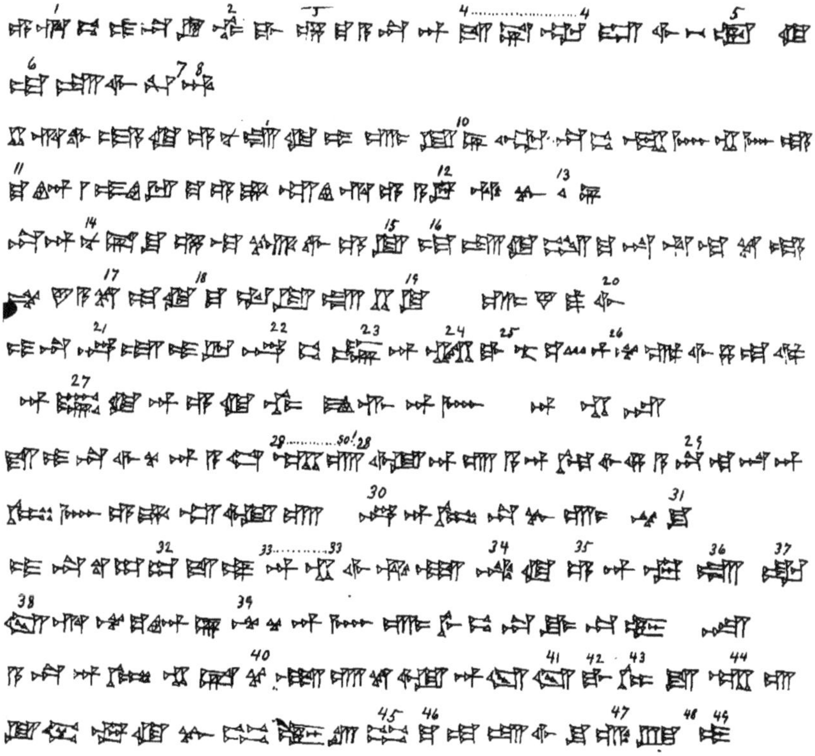

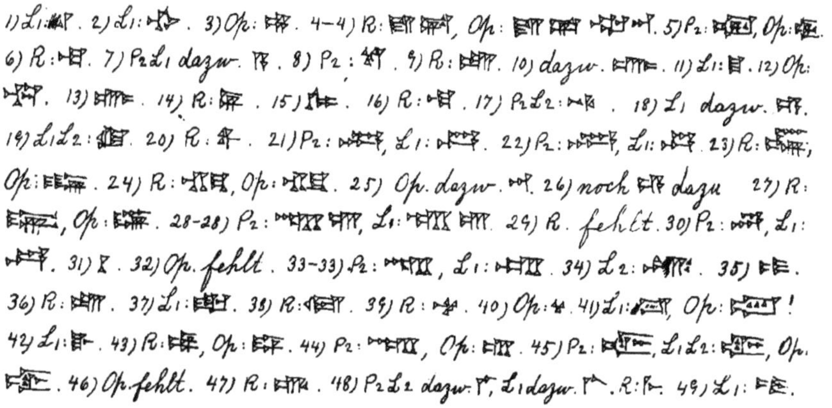

61 [cuneiform text]

62 [cuneiform text]

63 [cuneiform text]

64 [cuneiform text]

65 [cuneiform text]

66 [cuneiform text]

---

1) P2: [cuneiform], L1 L2: [cuneiform]. 2) P2: [cuneiform], L1 L2: [cuneiform]. 3) [cuneiform]. 4) P2: [cuneiform]; L1: [cuneiform], R: [cuneiform]. 5) R. fehlt. 6) P2: [cuneiform], L1: [cuneiform]. 7–7) P2: [cuneiform], L2: [cuneiform], L1: [cuneiform]. 8) dazw. [cuneiform], R. dazw. [cuneiform]. 9) [cuneiform]. 10) L1: [cuneiform]. 11) L2 noch [cuneiform] dazu. 12) L1 L2: [cuneiform]. 13) P2: [cuneiform]. 14) P2: [cuneiform], L1: [cuneiform], R: [cuneiform], Op: [cuneiform]. 15) [cuneiform]. 16) R. Op: [cuneiform]. 17) R: [cuneiform]. 18) P2 L2: [cuneiform]. 19) R: [cuneiform]. 20) R: [cuneiform]. 21) Op. fehlt. 22) P2: [cuneiform], L1: [cuneiform], R: [cuneiform], Op: [cuneiform]. 23) Op. fehlt. 24) P2: [cuneiform], L1: [cuneiform]. 25) L2: [cuneiform]! Schreibfehler. 26) P2: [cuneiform]. 27) L1: [cuneiform]. 28) [cuneiform]. 29) R: [cuneiform]. 30) [cuneiform]. 31) L1: [cuneiform]. 32) Op: [cuneiform]. 33) [cuneiform]. 34) R. fehlt, Op: [cuneiform]. 35) fehlt. 36) R: [cuneiform], Op: [cuneiform]. 37) Op. dazw. [cuneiform]. 38) R. fehlt.

67 [cuneiform signs]

68 [cuneiform signs]

69 [cuneiform signs]

70 [cuneiform signs]

71 [cuneiform signs]

72 [cuneiform signs]

73 [cuneiform signs]

---

1) R: 〰. 2) Op: 𒈗. 3) 𒐋, Op: 𒍥. 4) P₂: 𒂍, L₁L₂: 𒂍. 5) P₂: 𒁹, Op: 〰. 6–6) 𒅆.
7) P₂: 𒁹, L₁: 𒈨. 8) L₁ dazw: 𒀀 vom assyr. Schreiber radirt. 9) P₂: 𒀹 𒌓.
10) P₂: 𒂍, L₁L₂: 𒂍. 11) R: 𒉣. 12) R. Op: noch 𒈨 dazu. 13) P₂: 𒂍, L₁L₂: 𒂍.
14) R: 𒈦, Op: 𒀊. 15–15) P₂ L₂: 𒅆. 16) Op: 𒁹. 17) P₂: 𒐋. 18–18) Op. fehlt.
19) P₂: 𒂍, L₁L₂: 𒂍. 20) P₂: 𒀭. 21) Op: 𒂍. 22) P₂: 〰. 23) P₂ noch 〰
dazu. 24) Op: 𒂍. 25) 𒐋. 26–26) Op: 𒀊. 27) L₁: 𒅆. 28) 𒐋. 29) L₁: 𒉣.
30) R: 𒈗, Op: 𒀊. 31) L₂: 𒐋. 32) R: 𒅆, Op: 𒀭. 33) 𒆪. 34) 𒄷. 35) Op.
dazw. 𒐋. 36) L₂: 𒅥, Schreibfehler. 37) R: 𒈨. 38–38) R. fehlt. 39) L₁: 𒀹.
40) Op: 𒐊. 41) L₁: 𒈗. 42) L₁: 𒂍. 43) 𒐋.

Cylinder Inschrift?

74 〈cuneiform〉

75 〈cuneiform〉

76 〈cuneiform〉

77 〈cuneiform〉

---

1) R: 〈sign〉 . 2) 〈sign〉. 3–3) R: 〈sign〉. 4) Li L2: 〈sign〉. 5) 〈sign〉. 6) P2: 〈sign〉. 7) 〈sign〉. 8) 〈sign〉. 9) 〈sign〉. 10) R: 〈sign〉. 11) R: 〈sign〉. 12) P2 L1 dazw. 〈sign〉. 13) L1: 〈sign〉. 14) P2: 〈sign〉. 15) P2 dazw. 〈sign〉. 16) Op. fehlt. 17) Schreibf. wohl statt 〈sign〉, R: 〈sign〉, Li L2: 〈sign〉. 18) P2: 〈sign〉. 19) P2: 〈sign〉. 20) P2 L1: 〈sign〉. 21) Li L2: 〈sign〉. 22) dazw. 〈sign〉. 23) L1: 〈sign〉 24) dazw. 〈sign〉. 25) 〈sign〉. 26) R: 〈sign〉. 27) 〈sign〉. 28) 〈sign〉. 29) Li L2: 〈sign〉.

No 2. Stier - Inschrift.

5

10

15

1) Op. II. 2) Op. 𒀭. 3) Op. fehlt. 4) Schreibf statt ◊. 5) Op. 𒈠. 6) 𒀭𒁹 durch Versehen vom Schreiber ausgelassen.

Stier Inschrift?

20

[cuneiform text]

[cuneiform text]

[cuneiform text]

[cuneiform text]

[cuneiform text]

25

[cuneiform text]

[cuneiform text]

[cuneiform text]

[cuneiform text]

[cuneiform text]

30

[cuneiform text]

[cuneiform text]

[cuneiform text]

[cuneiform text]

[cuneiform text]

35

[cuneiform text]

[cuneiform text]

[cuneiform text]

[cuneiform text]

[cuneiform text]

1) Op. fehlt. 2) Op. dazw. [sign]. 3) Op: [sign]. 4) Op: [sign]. 5) Winkelhaken vom Schreiber radirt. 6) Op: [sign]. 7) Op: [sign]. 8) [sign] oder [sign] wohl in [sign] geändert.

1) ⊢ vom assyr. Schreiber ausgelassen. 2) Op: ▽. 3) ⊟. 4) ⊢. 5) ⊟, Op: ⊟.
6) ⊟. 7) dazw. ⊟. 8) ⊟.

60 〔cuneiform signs〕

65 〔cuneiform signs〕

70 〔cuneiform signs〕

---

1) Op: 𒀭. 2) 𒌋. 3) 𒀭. 4) 𒇷. 5) 𒁉 𒀭. 6) 𒀭. 7) 𒌋. 8) fehlt. 9) 𒈨𒀭. 10) 𒇷.
11) 𒈨𒋫. 12–12) 𒌋𒌋. 13) Op. fehlt. 14) 𒀭. 15) 𒈨𒀭. 16) 𒆠𒀭. 17) 𒀭.
18–18) 𒈨𒌋𒌋, Op: 𒈨𒌋𒌋 19) 𒇷. 20) 𒆠𒀭. 21) 𒀭. 22) 𒀭𒀭. 23) 𒈨𒀭. 24) dazu.
𒀭. 25) 𒆠𒀭. 26) 𒌋. 27) 𒈨. 28) 𒈨𒈨𒀭. 29) noch dazu. 30) 𒈨𒀭. 31)
assyr. Schreibfehler; anderer Stier richtig 𒀭𒀭𒀭, Op: 𒀭𒀭𒀭. 32) dazu.
𒀭𒀭. 33) dazu. 𒀭. 34) noch 𒀭 dazu. 35–35) 𒀭 𒀭. 36) 𒈨𒀭. 37) assyr. Schreibf.; anderer Stier richtig 𒀭. 38) 𒀭. 39) 𒌋. 40) dazu. 𒈨𒀭.
41) 𒌋. 42) noch 𒀭. 43) dazu. 𒀭. 44) 𒀭. 45–45) 𒈨𒀭 𒀭, 46) 𒈨𒀭

75

80

85

1) der Schreiber begann zu zeitig das ⧉ und radirte deshalb die beiden ersten Keile davon. 2) ⧉. 3) ⧉. 4) ⧉. 5) im Original viel kleiner als die andern Zeichen. 6-6) ⧉. 7-7) ⧉. 8) Op: ⧉. 9) ⧉ ⧉. 10) Op: ⧉. 11) ⧉ ⧉. 12) Op: ⧉. 13) Op. fehlt. 14) Op. fehlt. 15) ⧉ 16) ⧉ 17) ⧉. 18) ⧉. 19) ⧉. 20) ⧉ 21) ⧉. 22) ⧉. 23) ⧉. 24) anderer Stier hat dazw. ⧉, was hier vom Schreiber durch Versehen ausgelassen ist. 25) ⧉. 26) ⧉. 27) ⧉. 28) ⧉. 29) ⧉. 30-30) ⧉ ⧉. 31) ⧉. 32) ⧉. 33) ⧉. 34) ⧉. 35) ⧉. 36) Op: ⧉.

Stier Inschrift

90 〈cuneiform text〉

95 〈cuneiform text〉

100 〈cuneiform text〉

---

1) ⟨—⟩. 2) ⟨—⟩. 3) ⟨—⟩. 4) Op: ⟨—⟩. 5) ⟨—⟩. 6) ⟨—⟩. 7) ⟨—⟩. 8—8) ⟨—⟩. 9) ⟨—⟩. 10)
⟨—⟩. 11) ⟨—⟩. 12) ⟨—⟩. 13—13) ⟨—⟩. 14) ⟨—⟩. 15) noch ⟨—⟩ dazu. 16) noch ⟨—⟩ dazu.
17—17) ⟨—⟩. 18) ⟨—⟩. 19) ⟨—⟩, Fragm: ⟨—⟩. 20—20) ⟨—⟩. 21) ⟨—⟩. 22) ⟨—⟩. 23) ⟨—⟩.
Fragm: ⟨—⟩. 24) ⟨—⟩. 25—25) fehlt. 26—26) ⟨—⟩ ⟨—⟩. 27) Fragm. fehlt.
28) ⟨—⟩. 29) ⟨—⟩. 30—30) ⟨—⟩ ⟨—⟩. 31) ⟨—⟩. 32) ⟨—⟩. 33) ⟨—⟩. 34) ⟨—⟩. 35)
⟨—⟩. 36) Op. noch ⟨—⟩ dazu. 37) Fragm: ⟨—⟩. 38) ⟨—⟩. 39) ⟨—⟩. 40) ⟨—⟩. 41)
Fragm: ⟨—⟩. 42) ⟨—⟩. 43—43) fehlt in der and. Stierinschr. und im Fragm.
44) fehlt. 45) dazu ⟨—⟩, hier durch Versehen ausgelassen. 46) ⟨—⟩, Fragm: ⟨—⟩.
47) Fragm: ⟨—⟩. 48) Fragm. fehlt. 49) assyr. Schreibfehler statt ⟨—⟩.
50) Fragm: ⟨—⟩. 51) der Strich ist vom assyr. Schreiber radirt. 52)
⟨—⟩. 53) ⟨—⟩. 54) ⟨—⟩. 55) ⟨—⟩. 56) ⟨—⟩. 57) Op. fehlt. 58) Op: ⟨—⟩. 59—59)
⟨—⟩, Fragm. nur ⟨—⟩. 60) fehlt.

---

1) so auch anderer Stier; Fragm: 𒀀 𒌋. 2—2) 𒁹 𒌋. 3) 𒌋. 4) 𒌋.
5) 𒌋. 6) 𒌋. 7—7) Fragm: 𒌋. 8) 𒌋. 9) noch 𒌋 dazu. 10) 𒌋. 11) 𒌋.
12) assyr. Schreibfehler statt 𒌋, wie anderer Stier richtig bietet.
13—13) Op: 𒌋. 14) 𒌋. 15) 𒌋. 16) dazu: 𒌋. 17) 𒌋. 18) 𒌋. 19)
𒌋.

№ 3. Bronze Inschrift

5

10

15

20

so!

25

*Mit Z. 31 be-
ginnt die
Rückseite.*

30

35

40

Bronze Inschrift

45

50

55

60

Nᵒ 4. Silber – Inschrift.

15

20

25

1–1) Op: ☐. 2) Op. noch ☐ dazu. 3–3) Op: ☐. 4) Op: ☐. 5) Op: ☐.
6) Op: ☐. 7) Op: ☐. 8) Op: ☐. 9) Op: ☐. 10) Op. noch ☐ dazu. 11) Op: ☐.
12) Op: ☐. 13) Op: ☐. 14) Op: ☐. 15) Op: ☐. 16) Op: ☐. 17) Op:
☐. 18) Op: ☐. 19–19) oder ☐, im Original sehr undeutlich,
Op: ☐, das Richtige ist wohl ☐. 20) Op: ☐. 21) Op: ☐. 22–22) Op:
☐. 23) Op: ☐. 24) Op: ☐. 25) Op: ☐. 26–26) Op: ☐. 27) Op: ☐.
28) Op: ☐. 29) Op. noch ☐ dazu. 30) Op. fehlt. 31) Op: ☐. 32) Op. fehlt.
33) steht im Original zum Theil auf dem Rande, Op: ☐. 34) Op: ☐. 35)
Op: ☐. 36) Op: ☐. 37) Op: ☐. 38) Op: ☐. 39) Op: ☐. 40) Op: ☐. 41) Op: ☐. 42)
Op. noch ☐ dazu. 43) Op: ☐. 44) Op. fehlt. 45) Op: ☐.

Silber Inschrift.

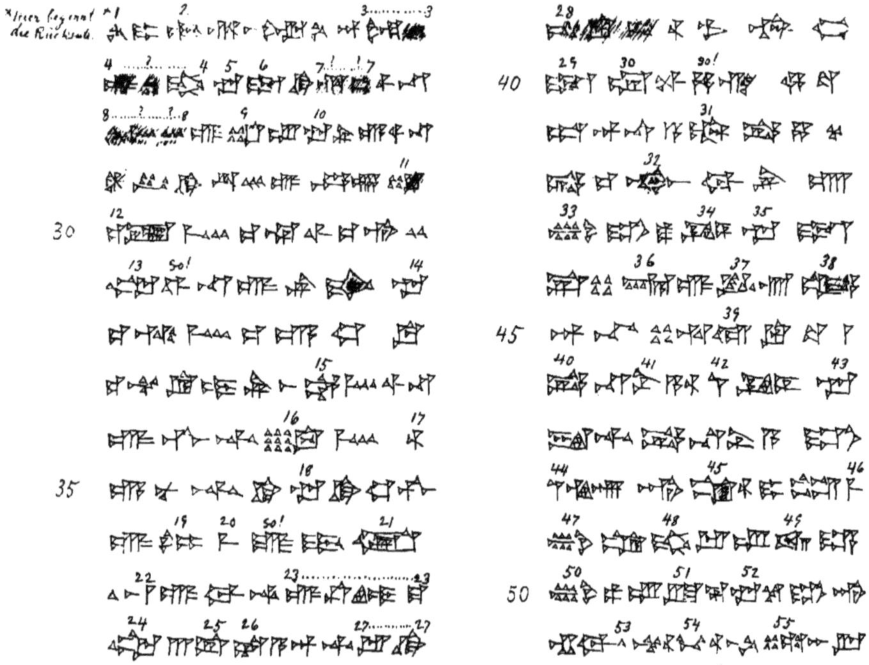
*hier beginnt die Rückseite

1) Op: [illegible]. 2) Op: [illegible]. 3–3) Op. fehlt. 4–4) Op. .... 5) Op: [illegible]. 6) Op: [illegible]. 7–7) Op: [illegible]. 8–8) Op: [illegible]. 9) Op: [illegible]. 10) Op. fehlt. 11) Op: .... 12) Op. fehlt; diese Z. hat Op. fälschlich nach Z. 31 gestellt. 13) Op: [illegible]. 14) Op: [illegible]. 15) Op: [illegible]. 16) Op: [illegible]. 17) Op: [illegible]. 18) Op: [illegible]. 19) Op: [illegible]. 20) Op: [illegible]. 21) Op: [illegible]. 22) Op: [illegible]. 23–23) Op: [illegible]. 24) Op: [illegible]. 25) bei Op. fälschlich nach [illegible] gestellt. 26) Op. fehlt. 27–27) Op: [illegible]. 28) Op: [illegible]. 29) Op: [illegible]. 30) Op: [illegible]. 31) Op: [illegible]. 32) Op: [illegible]. 33) Op: [illegible]. 34) Op: [illegible]. 35) Op: [illegible]. 36) Op: [illegible]. 37) Op: [illegible]. 38) Op. noch [illegible] dazu. 39) Op: [illegible]. 40) Op: [illegible]. 41) Op: [illegible]. 42) Op: [illegible]. 43) Op: [illegible]. 44) Op: [illegible]. 45) Op: [illegible]. 46) Op: [illegible]. 47) Op: [illegible]. 48) Op: [illegible]. 49) Op: [illegible]. 50) Op: [illegible]. 51) Op: [illegible]. 52) Op: [illegible]. 53) Op: fehlt. 54) Op: [illegible]. 55) Op: [illegible].

1) Op: ⟨⟨. 2—2) Op: 〰️ . 3) Op: ⊢. 4) Op: ⟨⟨. 5) Op: 𒐕. 6) Op: ⊢. 7)
Op: ⟨⟨. 8) Op: ⟨⟨. 9) Op. noch ☐ dazu. 10) Op: ⟨⟨. 11) Op: 𒐕. 12) Op: 𒐕.
13—13) Op: 𒐕 𒐕 𒐕 . 14) Op. fehlt. 15) Op: ☐. 16) Op: ⊢. 17) Op: 𒐕.
18) Op: ⊢. 19) Op. dazu: 𒐕 𒐕 . 20) Op: 𒐕. 21) Op: 𒐕 .
22) Op: ⊢. 23) Op: 𒐕. 24) Op: 𒐕. 25—25) Op: 𒐕 𒐕 𒐕 . 26) Op: 𒐕
27) Op. fehlt. 28) Op: 𒐕. 29) Op: 𒐕. 30) Op: 𒐕. 31) Op: 𒐕. 32) Op: 𒐕. 33) Op:
𒐕. 34—34) Op: 𒐕 𒐕. 35) Op: 𒐕. 36) Op: 𒐕. 37) Op: ⊢. 38) Op: 𒐕. 39)
Op: 𒐕. 40—40) Op: 𒐕 𒐕 . 41) Op. noch 𒐕 dazu. 42) im Original
steht das Zeichen 𒐕 zum Theil auf dem Rande. 43) Op fehlt.
44) Op: 𒐕 𒐕. 45) Op: ⊢. 46) Op: 𒐕. 47) Op: 𒐕.

Gold Inschrift?

[cuneiform text, lines 29–40 with sign numbers 1–32]

30

35

40

1) Op: [sign]. 2) diese Zeile fehlt bei Op. ganz. 3) Op: [sign]. 4) Op: [sign].
5) Op: [sign]. 6) Op: [sign]. 7) Op: [sign]. 8) Op: [sign]. 9) Op. fehlt. 10) Op: [sign].
11) Op: [sign]. 12) Op: [sign]. 13) Op: [sign]. 14) Op: [sign]. 15) Op: [sign]. 16) Op: [sign]. 17)
Op: [sign]. 18) Op: [sign]. 19) Op: [sign]. 20) Op: [sign]. 21) Op: [sign]. 22) Op:
[sign]. 23) Op: [sign]. 24) Op: [sign]. 25) Op: [sign]. 26–26) Op: [sign] [sign]. 27)
Op: [sign] [sign]. 28) Op: [sign]. 29) Op. noch [sign] dazu. 30) Op: [sign]. 31) Op:
[sign]. 32) Op: [sign].

[cuneiform inscription, lines 1–25]

1) Op. noch ⸢⸣ dazu. 2) Op: ⸢⸣ 3) Op: ⸢⸣. 4) Op. dazw. ⸢⸣.
5) Op. dazw. ⸢⸣. 6) Op: ⸢⸣. 7) Op. fehlt. 8) bei Op. fehen die
Zeichen ⸢⸣. 9) steht im Original auf dem Rande.
10) Op: X. 11) Op: ⸢⸣. 12) Op: ⸢⸣. 13) Op: ⸢⸣. 14) Op:
⸢⸣. 15) Op. fehlt. 16) Op: ⸢⸣. 17) Op: ⸢⸣. 18) Op. dazw.
⸢⸣. 19) Op: ⸢⸣. 20) Op: ⸢⸣. 21) assyr. Schreibfehler statt ⸢⸣.
22) Op. dazw. ⸢⸣.

TRANSSCRIPTION, ÜBERSETZUNG,

COMMENTAR.

Transsscription.

No. 1. Cylinder-Inschrift.

(Vgl. den Originaltext S. 1—12.)

1. Šarrukênu šaknu Bêl nisakku nâ'id Ašûr nišit ênâ Anim u Dagân

2. Šarru rabû šarru dannu šar kiššati šar Aššûr šar kibrât arba'ê migir ilâni rabûtê

3. rê'ûm kênu ša Ašûr Marduk šarrûtu lâ šanân ušatlimûšûma zikir šumêšu ušêṣû ana rêšêtê

4. šâkin ṣubârê Sippar Nippur Bâbîlu ḫâtin ênšûtêšunu mušallimu ḫibiltišun

5. ḫâṣir kitênûtu Aššûr baṭiltu mušaššik umšikkê Dûr'ilu mušapšiḫu nišêšun

6. lê'i kâl malkê ša êlî Ḫarrâna ṣalûlašu itrusûma kî ṣâb Anim u Dagân išṭuru zaḫûtsu

7. zikaru dannu ḫâlib namûrâtê ša ana šumḳut nakirê šutbû kakkêšu

8. Šarru ša ultu ûm bêlûtišu malku gabrâšu lâ ibšûma ina ḳabli taḫâzi lâ êmuru munîḫu

9. mâtâtê kâlišina kîma ḫaṣbâti udaḳḳiḳûma ḫammâmê ša arba'ê iddû ṣirrêtu

10. ḫuršâni gaš(?)rûtê ša nîribšunu ašṭu lâ minâ iptûma êmuru durugšun

11. ṭûdât lâ 'âri pašḳâtê ša ašaršina šuglûdu êtâtêḳûma êtêbiru nakab bêrâtê

12. ištu Râši miṣir Êlamtê Puḳûdu Damunu Dûr-kurigalzi Rapiḳu

13. Maš kâlama adî naḫal Muṣri mât aḫarrê rapaštum Ḫattê ana siḫirtiša ibêlu

Übersetzung.

No. 1. Cylinder-Inschrift.

(Vgl. den Originaltext S. 1—12.)

1. Sargon, der Statthalter Bels, der erhabene Fürst Asurs, der Liebling Anus und Dagons.

2. der grosse König, der mächtige König, der König der Gesammtheit, König von Assur, König der vier Himmelsgegenden, der Günstling der grossen Götter,

3. der treue Hirte, welchem Asur und Merodach ein Königthum ohne gleichen verliehen und dessen Namens Ruf sie an die Spitze berufen haben,

4. der die Schäden der Städte Sippar, Nippur und Babel herstellte, ihre Schwachheit beschützte, ihre Missethat vergalt,

5. der die abgeschaffte Rechtsstellung der Stadt Assur wahrte, die Stadt Dur'ilu *umšikkê* tragen liess, ihre Bewohner beruhigte,

6. der Stärkste aller Fürsten, welcher über die Stadt Charran seinen Schatten ausstreckte und als Krieger Anus und Dagons das Gesetz ihr vorschrieb,

7. der Männliche, Mächtige, mit Glanz Bedeckte, welcher zur Niederwerfung der Feinde seine Waffen ausgehen liess,

8. der König, welcher seit dem Tag seiner Thronbesteigung einen Fürsten, der ihm die Spitze geboten, nicht hatte, und in Kampf und Schlacht einen Überlegenen nicht fand;

9. alle Länder gleich Töpfen zerschmiss und die vier Sphären niederwarf hingestreckt (?),

10. gewaltige Waldgebirge mit weitgedehnter Thalschlucht ohne Zahl öffnete und ihren Weg fand,

11. finstere, arge Wege — eine furchtbare Gegend — durchzog und den Durchbruchsort der Quellen durchschritt,

12. vom Lande Ras an der Grenze Elams die Stämme Puḳudu und Damunu, die Städte Dur-Kurigalzu und Rapik,

13. das Land Mas insgesammt bis zum Bache Ägyptens, das ausgedehnte Westland, das Land Chatti nach seinem Umfang in Besitz nahm,

14. ištu Ḫašmar adî Simašpatti Madai rûḳûtê ša ṣit Šamši Zimrî Ėllipi

15. Bît-Ḫamban Parsua Mannai Urarṭu Kašku Tabalum adî Muski ikšudu rabîtum ḳâsu
16. šu-par-šakê-šu šaknûtê êlišunu ištákanûma biltu mâdattu kî ša Aššûrê êmêdsunûti

17. êtlu ḳardu ša ina rêbit Dûr'ilu itti Ḫumbanigaš šar Ėlamtê innamrûma iškunu taḫtâšu
18. nâsiḫ Mat(?)têsai mu-bal-li-ku gunnêšu šâlil Tu'amuna ša nasîkšunu ipîdûma urrû maḫar šar Kaldi

19. murîb Bît-Ḫumrîa rapši ša ina Rapiḫi taḫtû Muṣri iškunûma Ḫânûnu šar Ḫazzitê kamûsu ušêriba Aššûr

20. kâšid Tamudi Ibâdidi Marsîmani Ḫajapâ ša sittašunu inni itḳâma ušarmû kirib Bît-Ḫumrîa
21. lê'i tamḫari ša ina kabal tânitim Jamnâ'a sandâniš kîma nûnê ibârûma ušapšiḫu Ḳuê u Ṣurri
22. šarru dâpinu muparri' armaḫê Sinuḫtê munammi dadmêša ša Kiakki šarrašunu ula'iṭu gišginiš

23. munissi Bît-Burutaš ša Ambaris malikšunu damêḳtê Šarrukênu imšûma êli šar Urarṭi u Muski ittaklu
24. idân ḫulâtê ṭârid Mêtâ šar Muski mutîr ḫalṣê Ḳuê êkmûtê murappišu puḫungêšun

25. kitrudu lâ âdir tuḳmâtê nâsiḫ šuruš Amâtê ša mašak Ḫubi'di ḫamma'ê iṣrupu napâsiš
26. nâpi' Gargamiš Ḫattê limni ša Pîsiri dâgil pânišunu dâbib zaliptê ikšudu rabîtum ḳâsu
27. mušaḫrib Urarṭi šâlil Muṣaṣiri ša Ursâ šar Urarṭi ina puluḫtêšu rabîtê ina kakki ramânišu uḳattâ napištuš
28. munakkir šubat Pâpa Lalukni Sukkia Bâla Abitikna ša ana Kakmê idbubû na-ba-ṭi(?)-iš
29. sâpin Andia Zikirtê ša gimir baḫûlâtêšunu as(?)liš uṭabbiḫûma kullat nakirê isluḫa îmat mûti

30. ma'i gamir dunni u abâri mušêkniš Madai lâ kanšûtê sâḳiš niš Ḫarḫar mušarbû misir Aššûr
31. mupaḫḫir Mannai sapḫi mutaḫḫin Ėllipi dalḫi ša šarrûtu mâtâtê kilallan ukînûma ušarriḫu zikiršu

14. dessen grosse Hand von Chasmar bis Zimaspatti, das ferne Medien im Osten, die Länder Zimri, Ellip,

15. Bit-Chamban, Parsua, Mannai, Urartu, Kasku, Tabal nebst Musku eroberte,

16. seine Obersten als Statthalter über sie setzte und Steuer und Tribut gleich den Assyrern ihnen auflegte;

17. der Hohe, der Starke, welcher in der Vorstadt von Dur'ilu mit Chumbanigas, dem König von Elam, sich mass, und seine Vernichtung bewirkte,

18. der den Stamm Mattesai verpflanzte, entleerte(?) seine . . ., das Volk Tu'amuna gefangen wegführte, welche ihren Fürsten gefesselt(?) und vor den König von Chaldaea geschleppt hatten,

19. der das weitgedehnte Land Bit-Omri [Reich Israel] auflöste, welcher bei Raphia die Niederlage Ägyptens herbeiführte und Hanno, den König von Gaza, in die Stadt Assur gefangen einziehen liess,

20. der die Stämme Tamud, Ibadid, Marsiman, Chajapa besiegte, welcher ihre Übriggebliebenen mit Ungemach traf und sie ansiedelte in Bit-Omri,

21. der Starke im Streit, welcher inmitten des Meeres den Jonier . . . . gleich Fischen herausangelte, und das Land Ḳuê und die Stadt Tyrus beruhigte,

22. der königliche Schirmherr, der durchbrach die Schanzen(?) der Stadt Sinuchtu, niederriss ihre Wohnungen, welcher Kiakku, ihren König, gleich dürrem Holze(?) verbrannte,

23. der Bit-Burutas verpflanzte, deren Fürst Ambaris die Gnade Sargons vergessen und auf den König von Urartu und Musku sich verlassen hatte —

24. böse Mächte —, der Meta. den König von Musku, verjagte, zurückgab die weggenommenen Burgen von Ḳuê, ihre Bezirke(?) erweiterte;

25. der Held, der vor Widerstand sich nicht scheut, der das Land Hamath entwurzelte, welcher die Haut Ilubi'dis mit . . . . . färbte wie Wolle,

26. der Karkemisch im feindlichen Chattilande an sich riss, dessen grosse Hand den jenen folgenden, Feindseligkeit planenden Pisiri gefangen nahm,

27. der Urartu verwüstete, der Muzazir wegführte, vor welchem in grosser Furcht Ursa, König von Urartu, mit seiner eigenen Waffe sich tödtete,

28. der den Wohnsitz der Städte Pàpa, Laluknu, Sukkia, Bàla, Abitikna veränderte, welche gegen das Land Kakme offenkundig geplant hatten,

29. der die Länder Andia und Zikirtu überwältigte, welcher ihre sämmtlichen jungen Mannschaften wie ein Lamm hinschlachtete und über alle Feinde Todesschrecken ausgoss;

30. der . . ., vollendet an Macht und Rüstigkeit, der die ununterwürfigen Meder unterwarf, das Volk von Charchar vertilgte, das Gebiet Assurs vergrösserte.

31. der das aufgelöste Land Mannai zusammenbrachte, das verstörte Land Ellip festigte, welcher das Königthum über die Länder ringsum begründete und gewaltig machte seinen Ruf,

32. dâ'iš Killi šâsiš šadê nakri êkṣi ša Itti Allabrâ'a barânû ušêṣû alûšu

33. mu'abbit Kar'alla ša pâri Ašûrlê'i ḵêpušunu illûriš ušlinûma Adâ Šurdâ'a êmêdu nîri Ašûr.

34. Šarru êtpêšu muštâbil amât damêḵtim [ša] ana šûšub namê nadûtê u pitê ḵirûbê zaḵâp ṣippâtê iškunu uzunšu

35. uḫummê zaḵrûtê ša ultu ullâ ina kirbišun urḵitu lâ šûṣât bîltu šuššê ṣurruš uštâbilma

36. kigallum šuḫrubtu ša ina šarrâni maḫrûtê narṭaba lâ idû sêr'a šûzuzima šulsê alâla libbašu ublâma

37. innê tamirti šuḵûpê karâtu pitêma ki gibiš êdê mê nuḫṣi šuškê êliš u šaplis

\ 38. šar pit ḫasîsi lê'i êni kâlama šunnat nun . . ša ina milki nimêḵi irbûma ina tazimti išêḫu

\ 39. mât Ašûr rapaštum lê'ûtu nišbê u buluṭ libbi tillinû sîmat šarrûti zunnunu râtê(?)šun

\ 40. admû rêšêtêša ina sunḵi ḫušâḫi êṭêrîma ina ḫabâl karani akû lâ naḫâršu šê u bibil libbi riy-li ba-aš-ta lâ rašê

41. aššu šamni balṭi amêlûti mupaššiḫ bu'ânê ina mâtî'a lâ aḵârima šamaššammê ki nirba ina maḫiri šâmi

42. šurruḫ naptani sîmat passûri ili u šarri ḫâtê unnâtê gimir sîmi ga-ni itâtêšu šûzuzi

\ 43. ûru u mûšu ana êpêš ali šâšu akpud simak Šamši dânu rabû ilâni rabûtê mušakšid irnittî'a kirbûšu šubnû aḵbîma.

44. Magganubba ša ina sêpi Musrê šadê ina êli namba'ê u rêbit-Ninâ kîma dimtê nadû

45. ša CCCL malkê labirûtê ša êlamû'a bêlût Ašûr êpušûma iltanâparû ba'ûlât Bêl

\ 46. aiûma ina libbišunu ašaršu ul umaššima šûšubšu ul idîma ḫirê nârišu ul izkur

47. ina mêrišt'a palki ša ina ḵibit Šar apsê bêl nimêḵi tazimta zunnunûma malû niklâtê

48. u ḫissât uznî'a palkâtê ša êli šarrâni abê'a Nin-mên(?)-ana bânît ilâni ušâtêru ḫasîsi

32. der mit Füssen trat das Land Kilchi, die Berge des starken Feindes welcher Itti von Allabra, den Räuber(?), aus seiner Stadt führte;

33. der das Land Kar'alla vernichtete, welcher die ... des Asur-le'u, ihres Stadtobersten, wie ein Herrschergewand(?) schmückte, dem Ada vom Lande Surdu das Joch Asurs auflegte.

34. Der forschende König, der Träger gnädiger Rede, welcher verfallene Niederlassungen bewohnbar und Nachbargebiete urbar zu machen, *sippat*-Rohre zu pflanzen, seinen Sinn richtete,

35. hohe Felsen(?), auf denen seit Ewigkeit her kein Gewächs gesprossen war, Ertrag bringen zu lassen, seinen Geist lenkte,

36. manch wüstes Loch, das unter den früheren Königen keinen Bewässerungskanal gekannt hatte, Getreide(?) tragen und von frohem Jauchzen erklingen zu lassen sein Herz richtete,

37. die verfallenen Betten des Wasserlaufes, Dämme zu eröffnen und gleich der Masse der Meeresfluth mit reichlichem Wasser droben und drunten zu tränken.

38. Ein König offenen Sinnes, verständigen Auges für alles, ..., welcher in Rath und Weisheit gross geworden und in Klugheit aufgewachsen ist,

39. des weiten Landes Assur Speicher mit Nahrung in Überfluss und Lebensmitteln mehr denn genug(?), wie es dem König geziemt, zu füllen,

40. die Erstlinge der *admu* wegen Mangels und Hungersnoth zu schonen, wegen Verderben des Weins den *akû* nicht ..., Getreide und was sonst das Herz begehrt schlechten Geruch nicht annehmen,

41. das Öl, das Leben(?) der Menschen, das Geschwüre heilt, in meinem Lande nicht theuer werden zu lassen, und Sesam wie Korn im Preis zu bestimmen.

42. die Mahlzeit, wie sie der Schüssel eines Gottes und eines Königs zukommt, zu begrenzen, ... der Gefässe, jedweden Preises ... Grenzen festzusetzen.

43. Tag und Nacht jene Stadt zu bauen plante ich; ein Heim(?) für Samas, den Oberrichter der grossen Götter, der mir zum Sieg verhalf, darinnen zu bauen befahl ich.

44. Die Stadt Magganubba, welche am Fusse des Berges Musri oberhalb der Quellen und der Vorstadt von Nineve wie ein Pfeiler gelegen war,

45. deren Lage unter den 350 alten Fürsten, die vor mir die Herrschaft Assurs geführt und die Unterthanen Bels regiert haben,

46. keiner berührt, welche bewohnbar zu machen keiner erkannt, deren Kanal zu graben keiner bedacht hatte,

47. in meiner weiten Begabung, die auf Befehl des Königs der Wassertiefe, des Herrn unergründlicher Weisheit [d. i. Ea's], mit Klugheit erfüllt war und voll listiger Anschläge,

48. und in den weiten Gedanken meines Sinnes —, ich, welchen weit über die Könige, meine Väter, die Herrin der Himmelskrone, die Gebärerin der Götter, verständig gemacht hat,

49. ana šûšub ali šâšu zukkur paramaḫê admân ilâni rabûtê u êkallâtê šubat bêlûti'a ûra u mûša akpud askirma êpêšu akbî

50. kîma zikir šumi'a ša ana naṣâr kêttê u mîšari šutêšur lâ lê'ê lâ ḫabâl ênšê imbû'inni ilâni rabûtê *V]₦, Partie*

51. kasap êklê ali šâšu kî pî duppâtê šaimanûtê kaspa u siparra ana bêlêšunu utîrma

52. aššu riggâtê lâ šubšî ša kasap êkli lâ ṣibû êkla miḫir êkli ašar pânušunu šaknu addinšunûti

53. alkat banîšu mêḫrit uk-šu-ul ana Damku u Šarru-ilu dâ'inâtê tênišêtê talîmâni ina têmêki ušakkîma

54. aḫrâtan ûmê ina ṭûb libbi u bu'âri kirbûšu êrêbi ina zuk dimgal-kalâma ana Ša-uš(nit?)-ka râšibat Ninâ attašî kâtê

55. zikri pî'a kênum kî uṭibûni êli nabê ṣirûtê bêlê'a ma'âdiš iṭibma êpêš ali ḫirê nâri ikbûni

56. nannûšun lâ mušpêlu attakilma baḫûlâtê'a gabšâtê adkêma allu umšikku ušaššî.

57. Ina arḫi šîtan araḫ bin Dara-gala [Êa] pâris purûsê mušaklim ša-ad-dê Nannar šamê irṣitim karrâd ilâni Sin

58. ša ina šîmat Anim Bêl u Êa bêl nimêki ana labân libnâtê êpêš ali u biti arḫu ili libitti nabû šumšu

59. ina ûmi ab-ab ša mâr Bêl šigalli palkê Nabû dupšar gimri muma'ir kullat ilâni ušalbina libnâsu

60. ana ili libittê Bêl uššê libittê u Dim-dim-gal-lum ša Bêl nikâ akkî sirku asruk(u)ma attašî nîš kâti

61. ina Ab araḫ a-rad Gibil mušbil am-ba-tê raṭubtê mukin têmên ali u biti uššêšu addîma ukîn libnâsu

62. parakkê rašdûtê ša kîma kisir gênê šuršudû ana Êa Sin u Ningal Ramân Šamaš Adar êpuša kirbûšu

63. êkal Sin sûsi uššê urkarîni muzûkâni êrini šurmêni daprâni u buṭni ina kibîtišunu širtê ana mûšab šarrûtî'a abnîma

49. plante und dachte bei Tag und bei Nacht, jene Stadt bewohnt zu machen, *paramaḫê* [erhabene Heiligthümer?, die Wohnung der grossen Götter, und Paläste, den Wohnsitz meiner Herrschaft, hoch aufzuführen, und zu seiner Ausführung gab ich Befehl.

50. Entsprechend dem Namen, den ich trage, mit welchem, Recht und Gerechtigkeit zu wahren, zu regieren die Machtlosen, nicht zu schädigen die Schwachen, die grossen Götter mich benannt haben,

51. erstattete ich den Preis für die Ländereien jener Stadt in Übereinstimmung mit den Tafeln der Werthbestimmung in Silber und Kupfer ihren Eigenthümern,

52. und um kein Unrecht zu verüben, gab ich denen, die baares Geld für ihr Feld nicht begehrten, Feld gegen Feld, wo immer sie wollten.

53. Den Verlauf ihrer Erbauung vorher ..., den Göttern Damku und Šarru-ilu, den Richtern der Menschheit, den leiblichen Brüdern, liess ich opfern in Inbrunst;

54. dass ich in zukünftigen Tagen in Herzensfreude und Heiterkeit in ihr einziehen dürfe, erhob ich im Allerheiligsten des grossen Baumeisters der Welt zur Göttin ..., der Machthaberin Nineves, die Hände.

55. Die fromme Rede meines Mundes zu segnen gefiel wohl den erhabenen Propheten, meinen Herren, und zur Erbauung der Stadt und zum Graben des Kanals gaben sie Befehl.

56. Auf ihr unbeugbares Wort(?) vertraute ich; ich entbot meine jungen Mannschaften in Masse und liess sie *allu* und *umšikku* tragen.

57. Am Neumond des Monats des Sohnes Eas, des Herrn der Entscheidung, der die *saddê* zeigt, des *Nannar* Himmels und der Erde, des Helden der Götter, des Gottes Sin,

58. dessen Namen nach der Bestimmung Anus, Bels und Eas, des Herrn unergründlicher Weisheit, wegen des Ziegelstreichens, des Städte- und Häuserbaues, „Monat des Backsteingottes" genannt wird,

59. am Tempeltag(?) des Sohnes Bels, des mächtigen Führers Nebo, des Schreibers von Allem, des Regierers aller Götter, liess ich die Ziegel dazu streichen,

60. dem Backsteingott, dem Herren des Backsteinfundamentes, und dem Oberbaumeister Bels opferte ich ein Opferlamm, goss ich eine Libation aus und hob ich auf eine Händeerhebung.

61. Im Monat Ab, dem Monat des Dieners(?) des Feuergottes, der ...., da man den Grundstein legt von Stadt und von Haus, legte ich ihr Fundament und legte ich auf ihre Backsteine.

62. Festgegründete Heiligthümer, welche wie für die Ewigkeit(?) gegründet sind, baute ich darin den Göttern Ea, Sin und Ningal, Raman, Samas und Adar.

63. Einen Palast von Elfenbein, von *Usu-*, Buxbaum(?)-, Palmen-, Cedern-, Cypressen-, Wachholder- und Pistazienholz baute ich auf ihren erhabenen Befehl zur Wohnung meiner Majestät,

64. bît hilâni ṭanṣil-ékal Ḫattê méḫrit bâbêšin aptiḳma gušurê êrini šurmêni ukin ṣirûšin

65. IV šar III nêr 1 šûš III ḳânê II ammat nibit šumê'a mišêḫtê dûrišu aškunma êli aban šadê zaḳri ušaršida têmênšu

66. ina rêšê u arkâtê ina ṣilê kilallan méḫrit VIII šârê VIII abullê aptêma

67. Šamaš mušakšid irnitti'a Ramân murim ḫêgallišu šumê abulli Šamaš u abulli Ramân ša šid šadê azkur

68. Bêl mukin išdi alî'a Bêlit mu-diš-ša-at ḫisbi zikri abulli Bêl u Bêlit ša šid iltâni ambî

69. Anu mušallim êpšit ḳâtî'a Ištar mušammêḫat nišêšu nibît abulli Anim u Ištar ša šid aḫarrê aškun

70. Êa muštêšir naḳbêšu Bêlit-ilâni murappišat talittišu šumê abulli Êa u abulli Bêlit-ilâni ša šid šûti aḳbima

71. Ašûr mulabbir palê šarri êpêšišu nâṣir ummânišu dûrušu Adar mukin têmên adûši ana labâr ûmê ruḳûtê šalḫûšu

72. ba'ûlât arba'ê lišânu aḫitu atmê lâ mitḫarti âšibûtê šadê u mâti mâl irtê'û ṣâb ilâni bêl gimri

73. ša ina zikir Ašûr bêlî'a ina mêtil šibirri'a ašlula pâ ištên ušaškinma ušarmâ kiribšu

74. aplê Aššûr mûdûtê êni kâlama ana šûḫuz ṣipltê palâḫ ili u šarri aklê šâpirê uma'iršunûtê

75. ilâni âšibûtê šamê irṣitim u ali šâšu ḳibîti imgurûma êpêš ali u šulbur kirbišu išruḳû'inni ana dârîš.

76. Ša êpšit ḳâtî'a unakkarûma bunnânê'a usaḫḫû uṣurât êṣêru ušamsaku sîmâtê'a upaššaṭu

77. Ašûr Šamaš Ramân u ilâni âšib libbi šumšu zîršu ina mâti lilḳutûma ina šapal nakrišu lišêšibûšu kamêš.

64. eine Vorhalle nach Art eines Hettiter-Palastes legte ich an vor ihren Thoren und Cedern- und Cypressenbalken legte ich auf sie.

65. Vier Sar, drei Ner, 1 Soss, 3 kàné, 2 Ellen [Summa: 16280 Ellen] — so viel mein Name bedeutet — machte ich das Mass ihrer Mauer, und auf hohem Berggestein gründete ich fest ihr Fundament.

66. Vorn und hinten, an den Seiten ringsum öffnete ich gegenüber den 8 Winden 8 Stadtthore:

67. nach Samas, der mir zum Sieg verhalf, und Raman, der ihren [der Stadt] Überfluss weit machte, nannte ich „Samasthor" und „Ramanthor" die auf der Ostseite;

68. nach Bel, der den Grund zu meiner Stadt legte, und Beltis, die Reichthum in strotzender Menge verlieh, hiess ich „Belthor" und „Beltisthor" die auf der Nordseite;

69. nach Anu, der meiner Hände Werk gelingen, und Istar, die der Stadt Bewohner gedeihen liess, gab ich die Benennung „Anuthor" und „Istarthor" denen auf der Westseite;

70. nach Ea, der ihre Quellen recht leitete, und der Herrin der Götter, die der Stadt Geburten zahlreich machte, benannte ich „Eathor" und „Thor der Herrin der Götter" die auf der Südseite.

71. Nach Asur, der die Regierungsjahre des Königs, ihres Erbauers, alt werden liess, sein Heer schützte, [nannte ich] ihre Mauer, nach Adar, der das Fundament der Neugründung(?) legte zum Altern bis in ferne Tage, ihren Wall.

72. Die vier Reiche [d. h. Leute aus allen vier Weltgegenden] fremder Zunge, mannichfaltiger Rede, die da bewohnten Berg und Thal, so viele der Krieger der Götter, der Allherr, regiert,

73. die ich im Namen Asurs, meines Herrn, durch meiner Streitaxt(?) Gewalt in die Gefangenschaft weggeführt hatte, liess ich Einerlei Wort führen und siedelte sie darin an.

74. Söhne Assurs, verständigen Blickes für alles, beorderte ich ihnen, um sie Wache zu halten, Weise(?) und Schriftgelehrte, um sie die Furcht Gottes und des Königs zu lehren.

75. Die Götter, welche den Himmel, die Erde und jene Stadt bewohnen, begünstigten mein Geheiss, und den Bau der Stadt und das Alternlassen ihres Innern schenkten sie mir für ewige Zeiten. —

76. Wer meiner Hände Werk ändern, meine Bauten zerstören, die Mauern, die ich gemauert, wegschaffen, meine Insignien verschleudern wird —

77. dessen Namen und Samen mögen Asur, Samas, Raman und die Götter, die alldort wohnen, im Lande wegraffen und ihn zu Füssen seines Feindes sitzen lassen gebunden!

No. 2. Stier-Inschrift.

(Vgl. den Originaltext S. 13—19.)

1. Ékal Šarrukênu šarru rabû šarru dannu šar kiššati šar Aššûr

Šakkanakku Bâbilu šar Šumêri u Akkadê migir ilâni rabûtê

rê'ûm kênu ša Aššûr Nabû Marduk šarrûtu lâ šanân

ušallimûšûma zikir šumêšu ušêṣû

5. ana rêšêtê šâkin šubârê Sippar Nippur

Bâbilu mušaššik umšikkê Dûr'ilu Uru Êridu

Larsam Zirlaba Kisik Nimêt-Laguda

mušapšiḫu nišêšun ḳâṣir kitênûtu Aššûr baṭilta

ša êlî Ḥarrâna ṣalûlašu itruṣûma

10. kî ṣâb Anim u Dagân išṭuru zaḳûtsun

zikaru dannu ḫâlib namûrâtê ša ana šumḳut

nakirê šutbû kakkêšu šâkin taḫtê Ḥumbanigaš

Êlamû mušakniš Mannai Kar'allu Andia

Zikirtu Kišêsim Ḫarḫar Madai Ellipi

15. êmêdu nîr Aššûr mušaḫrib Urarṭi Muṣaṣir ša Ursâ

Urarṭâ'a ina puluḫtêšu rabîtê ina kakki

ramânišu uḳattâ napištuš šâlil malikê Gargamiš

Amâti Kummuḫi Asdûdu Ḥattê limnûtê

lâ âdir zikri ilâni dâbibu zaliptê ša [êli] gimir matâtêšunu

20. šu-par šakê-šu ana šaknûtê(?) ištâkanûma itti nišê Aššûr

imnûšunûti sâpin Samêrîna kâla Bît-Ḫumrî'a Kašku

kâšid Tabalu gimir Bît-Burutaš Ḥilakku ša ina Rapiḫi

taḫtê Muṣri iškunûma Ḫânûnu šar Ḥazzitê imnû šallatiš

No. 2. Stier-Inschrift.

(Vgl. den Originaltext S. 13—19.)

1. Palast Sargons, des grossen Königs, des mächtigen Königs, des Königs der
Gesammtheit, des Königs von Assur,
des Machthabers von Babel, Königs von Sumer und Akkad, des Günstlings der
grossen Götter,
des treuen Hirten, welchem Asur, Nebo und Merodach ein Königthum ohne
gleichen
verliehen und dessen Namens Ruf sie an die Spitze berufen haben,
5. der die Schäden der Städte Sippar, Nippur und Babel herstellte,
der die Städte Dur'ilu, Ur, Eridu,
Larsam, Zirlab, Kisik, Nimet-Laguda, *umšikkê* tragen liess,
ihre Bewohner beruhigte, der die abgeschaffte Rechtsstellung der Stadt Assur
wahrte,
welcher über die Stadt Charran seinen Schatten ausstreckte und
10. als Krieger Anus und Dagons das Gesetz ihnen vorschrieb,
der Männliche, Mächtige, mit Glanz Bedeckte, welcher zur Niederwerfung
der Feinde seine Waffen ausgehen liess, die Vernichtung des Chumbanigas, des
Elamiten, bewirkte,
die Länder Mannai, Kar'allu, Andia,
Zikirtu, die Städte Kisesim und Charchar, die Länder Medien und Ellip unterwarf,
15. das Joch Asurs ihnen auflegte, der Urartu und die Stadt Muzazir verwüstete,
vor welchem Ursa
von Urartu in grosser Furcht mit seiner eigenen Waffe
sich tödtete, der die Fürsten von Karkemisch,
von den Ländern Hamath und Kummuch, von Asdod, dem bösen Chatti-Volk, in
die Gefangenschaft wegführte,
die den Namen der Götter nicht scheuten und Feindseligkeit planten, welcher
über ihre sämmtlichen Länder
20. seine Obersten als Statthalter einsetzte und zu den Völkern Assurs
sie zählte, der die Stadt Samarien, das ganze Land Bit-Omri [Reich Israel]
und Kasku überwältigte,
der das Land Tabal, ganz Bit-Burutas und Cilicien eroberte, welcher bei Raphia
die Niederlage Ägyptens herbeiführte und Hanno, den König von Gaza, zum
Kriegsgefangenen machte,

nâpî' Sinuḫtê ṭârid Mêtâ šar Muski mutîr ḫalṣê Kuê

25. êkmûtê ša Jamnâ'a ša ḳabal tâmtim kîma nûnê ibâru
nâsiḫ Gunzinanu Kammanûâ'a u Tarḫulara Gamgumâ'a
ša gimir mâtâtêšunu êkêmûma ana miṣir Aššûr utêra mušakniš
VII šarrâni ša Ja'i nagê ša Ad(?)nana ša mâlak VII ûmê ina ḳabal tâmti

ša Sulmu Samši Sitkunat šubatsun kâšid Râši mušakniš Puḳûdu Damunu
30. adî Laḫiri ša Jatburi êmêdu ap(b?)šânšu šâkin tapdê Marduk-bal-iddina

šar Kaldi âbu limnu ša ki lâ libbi ilâni šarrût Bâbîli êpušûma takšudu

rabîtum ḳâsu nâsiḫ šuruš Dûr-Jâkîni
ali tuklatišu rabâ ša pagrê mundaḫṣêšu ina sapan

tâmti uḳarrinu ḳurânîš išmêma Upîri šar Dilmun
35. ša mâlak XXX kasbu ina ḳabal tâmtim ša ṣît Šamši kîma nûni
narbaṣu šitkunûma iššâ tamartuš. Šarru êtpêšu
muštâbil amât damêḳtê ša ana šûšub namê

nadûtê u pitê ḳirûbê zaḳâp ṣippâtê iškunu
uzunšu. Ina ûmêšûma ina êli namba'ê ša sêpi
40. Musrê šadê êlênu Ninâ ala êpušma Dur-Šarrukênu
azkura nibîtsu kirû maḫḫu tamšil Ḥamâni ša gimir ḫibišti

Ḥattê inbi šadê kâlišun kiribšu ḫurrušu abtanî itâtuš

ša CCCL malkê labirûtê ša êlamû'a bêlût
Aššûr êpušûma iltanâparû ba'ûlât Bêl
45. aiûma ina libbišunu ašaršu ul umaššîma šûšubšu
ul ilmadu ḫirê nârišu zaḳâp ṣippâtêšu ul izkur a[na] šûšub

ali šâšu zuḳḳur paramaḫê admân ilâni rabûtê u êkallâtê

šubat bêlûtî'a ûru mûšu akpud askirma

êpêsu aḳbî. Ina arḫi šêmê ûmu

50. mitgari ina araḫ ilu libittu [Sîmân] ûm ab-ab

der die Stadt Sinuchtu an sich riss, Meta, den König von Musku, verjagte, zurückgab die weggenommenen Burgen von Kuê,

25. welcher den Jonier inmitten des Meeres gleich Fischen herausangelte,
der den Gunzinanu von Kammanu und den Tarhulara von Gamgum ausrottete,
welcher ihre sämmtlichen Länder wegnahm und zum Gebiet Assurs hinzufügte,
der die 7 Könige von Ja', einem Bezirk Cyperns, unterwarf, deren Wohnsitz
einen Weg von 7 Tagen im Westmeer
gelegen war, der das Land Ras eroberte, die Stämme Pukudu, Damunu,

30. bis zur Stadt Lahir im Lande Jatbur unterwarf, sein Joch ihnen auflegte, der
die Niederlage Merodach-baladans herbeiführte,
des Königs von Chaldaea, des feindlichen, schlechten, welcher ohne den Willen
der Götter die Herrschaft über Babel ausgeübt hatte, und dessen grosse
Hand [ihn]
gefangen nahm, der die Stadt Dur-Jakin,
seine grosse Veste, entwurzelte, welcher die Leichen ihrer Krieger im Wogen-
dunkel
des Meeres haufenweis aufhäufte; und Upiri, der König von Dilmun, vernahm's,

35. er, der einen Weg von 30 kasbu im Ostmeer gleich einem Fische
sich niedergelassen hatte, und brachte sein Geschenk. Der forschende König,
der Träger gnädiger Rede, welcher verfallene Niederlassungen bewohnbar
und
Nachbargebiete urbar zu machen, sippat-Rohre zu pflanzen, seinen Sinn richtete.
In ebenjenen Tagen baute ich an den Quellen am Fusse

40. des Berges Musri oberhalb Nineves eine Stadt und nannte Dur-Sarruken
ihren Namen. Einen grossen Park nach Art des Gebirges Chaman, worinnen
jedwedes Gehölz
des Landes Chatti und alle Bergkräuter dicht gepflanzt waren, schuf ich für
mich um ihn her.
Die Stadt, deren Lage unter den 350 alten Fürsten, die vor mir die Herrschaft
Assurs geführt und die Unterthanen Bels regiert haben,

45. keiner berührt, welche bewohnbar zu machen
keiner gelernt, deren Kanal zu graben und sippat-Rohre zu pflanzen keiner
bedacht hatte,
jene Stadt bewohnt zu machen, paramahê, die Wohnung der grossen Götter,
und Paläste,
den Wohnsitz meiner Herrschaft, hoch aufzuführen, plante und dachte ich
bei Tag und bei Nacht,
und zu seiner Ausführung gab ich Befehl. In einem glücklichen Monat, an
einem

50. günstigen Tage, im Monat Sivan, am Tempeltag,

allu u-šad-rig-ma ušalbina
libittu ina Abi arah
mukîn têmên ali u bîti ša gimir şalmât kakkadu

ana rimêtišina ipátikà şulûlu
55. êli hurâşi kaspi êrê nisikti abnê hibišti
Hamâni pêlšu ušatrişa uššêšu addîma
ukîn libnâsu parakkê rašbûtê
ša kîma kişir gênê šuršudû ana Êa
Sin Ningal Šamaš Nabû Ramân Adar êpuša
60. kirbûšu êkallâtê šin sûsi ušê urkarîni
muzûkâni êrini šurmêni duprâni
burâši u buţni ina kibîtišunu
şirtê ana mûšab šarrûtî'a abnêma
gušurê êrini rabûtê êlišin ušatrişa
65. dalâtê šurmêni muzûkâni mêsir êrê namri
urakkisma urattâ nîribšin
bît appâtê tamšil êkal Hattê ša ina lisân
mât aharrê bît hilâni išassûšu
uşêpiša mêhrit bâbêšin
70. VIII nêrgalê tu'âmê šu-ut I šar nêr VI šûš L gun

maltakti êrê namri ša (ina) šipir Nin-(id-)gal ippatkûma
malû namrîri IV dimmê êrini šut'(a)hûtê I gar
kuburšun biblat Hamâni êli nêrgalê
ukînma dappê kulûl bâbêšin êmêd
75. lu mêš šad(?)-dê lamassê mahhê ša aban šadê êški
naklîš aptikma ana irbitti šârê ušaşbita
si-gar-šin askuppê pîlê rabûtê dadmê

kišitti kâtî'a şirûšin abšimma ašurrûšin

ušashira ana taprâtê ušâlik IV šar III nêr I šûš
80. Iᵘₐᵣ gar II ammat mišêhtê dûrišu aškunma êli šadê zakri

ušarsida têmênšu ina rêšê (u) arkâtê
ina şilê kilallan mêhrit IV šârê VIII abullê aptêma
Šamaš mušakšid irnittî'a Ramân mukîn hêgallî'a

šumu abulli Šamaš u Ramân

liess ich *allu* tragen(?)

und Ziegel streichen. Im Monat Ab, dem Monat,

da man das Fundament legt von Stadt und von Haus, da sämmtliche Schwarzköpfige

zu ihrer Wohnung ein Schutzdach erbauen,

55. liess ich über Gold, Silber, Bronze, edelen(?) Steinen vom Gebirge Chaman

seine Quader lang hinbreiten, gründete ich sein Fundament

und legte ich darauf seine Backsteine. Prächtige Heiligthümer,

welche wie für die Ewigkeit(?) festgegründet waren,

baute ich darin den Göttern Ea, Sin, Ningal, Samas, Nebo, Raman und Adar.

60. Paläste von Elfenbein, von *Usu-*, Buxbaum(?)-,

Palmen-, Cedern-, Cypressen-, Wachholder-,

Pinien- und Pistazienholz, baute ich auf ihren erhabenen Befehl

zur Wohnung meiner Majestät,

und grosse Cedernbalken liess ich über sie hinbreiten.

65. Thürflügel von Cypressen- und Palmenholz, mit Überzug aus glänzender Bronze,

fügte ich und richtete ich in ihren [der Paläste] Eingängen auf.

Eine Vorhalle nach Art eines Hettiter-Palastes, welche man in der Sprache

des Westlandes *bit-hilâni* nennt,

liess ich vor ihren Thoren erbauen;

70. 8 Löwenkolosse, paarweise, betragend 1 Sar, Ner, 6 Soss und 50 [Summa: 4610] Talente,

aus glänzender Bronze gefertigt, welche durch Schmiedekunst gebildet und

von Glanz erfüllt waren — 4 schlanke(?) Cedernsäulen von 12 Ellen Grösse,

das Erzeugniss des Gebirges Chaman, errichtete ich auf den Löwenkolossen

und *dappê* stellte ich auf als Einfassung ihrer Thore.

75. Bergwidder, grosse Stierkolosse aus mächtigem Berggestein

bildete ich kunstfertig und nach den vier Winden liess ich sie einfassen

ihren [der Thore] Verschluss. Grosse Schwellen aus Quadersteinen von Wohnungen,

die meine Hand erobert hatte, legte ich schön über sie und liess sie ihre Wände(?)

rings umgeben, zum Anstaunen machte ich's. Vier Sar, drei Ner, 1 Soss,

80. $1\frac{1}{2}$ *gar* [= 18 Ellen], 2 Ellen [Summa: 16280 Ellen] machte ich das Mass

ihrer Mauer, und auf hohem Berggestein

gründete ich fest ihr Fundament. Vorn und hinten,

an den Seiten ringsum öffnete ich gegenüber den 4 Winden 8 Stadtthore:

nach Samas, der mir zum Sieg verhalf, und Raman, der meinen Überfluss schaffte,

nannte ich „Samasthor" und „Ramanthor" die auf der Ostseite; nach Bel, der

85. išdi ali'a Bêlit mu-diš-ša-at ḫisbi zikri abulli Bêl

u Bêlit ša Šid ilâni ambî Anu mušallim êpšit

ḫâti'a Ištar mušammêḫat nišêšu nibît abulli Anim

u Ištar ša Šid aḫarrê aškun Êa muštêšir naḳbêšu
Bêlit-ilâni murappišat talittišu šumu abulli Êa u Bêlit ilâni ša Šid

90. šûti aḫbîma Ašûr mušalbir palê šarri êpêšišu

nâṣir ummânišu dûrušu Adar mukîn têmên ališu

ana labâr ûmê rûkûtê šalḫûšu. | Ba'ûlât arba'ê lišânu

aḫîtu atmê lâ mitḫarti âšibûtu šadê u mâti mâla irtê'û(אׁ,ר)
ṣâb ilâni bêl gimri ša ina zikir Ašûr bêli'a ina mêtil šibirri'a ašlula

95. pâ ištên ušaškinma ušarmâ kiribšu aplê Aššûr mûdûtu êni

kâlama ana šûḫuz ṣipîtê|palâḫ ili u šarri aklê[wesper!]

ṣâpirê umma'iršunûtê| Ultu šipir ali u êkallâtê'a
uḳattû ilâni rabûtê âšibûtu Ašûr ina Tišrîti kirbišina

aḳrêma tašil(ta)šina aškun ša malkê ṣît Šamši u êrêb Šamši

100. ḫurâṣu kaspu nin aḳ-ru sîmat êkallâtê šâtina tamartašunu kabitta ambur

ilâni âšibûtu ali šâšu nin liptat ḫâti'a limmaḫirma pânûšun

ašâb kiṣṣêšun u kunnu palê'a liḳbû dâriš dâriš

ša êpšit ḫâti'a unakkarûma bunnânê'a usaḫḫû
uṣurât êṣêru ušamsakûma sîmâtê'a upaššaṭu Sin Šamaš

105. Raman u ilâni âšib libbišu šumšu ziršu ina mâti liḳutûma

ina šapal nakrišu lišêšibûšu kamêš.

85. den Grund zu meiner Stadt legte, und Beltis, die Reichthum in strotzender
Menge verlieh, hiess ich „Belthor"
und „Beltisthor" die auf der Nordseite; nach Anu, der meiner Hände Werk
gelingen,
und Istar, die der Stadt Bewohner gedeihen liess, gab ich die Benennung
„Anuthor"
und „Istarthor" denen auf der Westseite; nach Ea, der ihre Quellen leitete,
und der Herrin der Götter, die der Stadt Geburten zahlreich machte, benannte ich „Eathor" und „Thor der Herrin der Götter" die auf der

90. Südseite. Nach Asur, der die Regierungsjahre des Königs, ihres Erbauers,
alt werden liess,
sein Heer schützte, [nannte ich] ihre Mauer; nach Adar, der das Fundament
ihrer Stadt legte
zum Altern bis in ferne Tage, ihren Wall. Die vier Reiche [d. h. Leute aus
allen vier Weltgegenden] fremder Zunge,
mannichfaltiger Rede, die da bewohnten Berg und Thal, so viele
der Krieger der Götter, der Allherr, regiert, die ich im Namen Asurs,
meines Herrn, durch meiner Streitaxt(?) Gewalt in die Gefangenschaft weggeführt hatte, —

95. liess ich Einerlei Wort führen und siedelte sie darin an. Söhne Assurs,
verständigen Blickes
für alles, beorderte ich ihnen, um sie Wache zu halten, Weise(?) und Schriftgelehrte, um sie die Furcht Gottes und des Königs zu lehren.
Nachdem ich den Bau der Stadt und meiner Paläste
vollendet hatte, rief ich im Monat Tischri die grossen Götter, die da wohnen
in Assur, darinnen an
und feierte ihre [der Paläste] Einweihung(?). Von den Fürsten des Aufgangs
und des Untergangs der Sonne

100. empfing ich Gold, Silber, allerhand Kostbarkeiten zum Schmuck jener Paläste
ein schweres Geschenk.
Was aber die Götter betrifft, die in jener Stadt wohnen, so möge jedwede
Faltung meiner Hand angenommen werden bei ihnen,
mögen sie die Bewohnung ihrer *kisse* und die Festigung meiner Regierungs-
jahre ewig, ewig befehlen!
Wer meiner Hände Werk ändern, meine Bauten zerstören,
die Mauern, die ich gemauert, wegschaffen, meine Insignien verschleudern wird —

105. dessen Namen und Samen mögen Sin, Samas, Raman und die Götter,
die alldort wohnen, im Lande wegraffen und
ihn zu Füssen seines Feindes sitzen lassen gebunden!

No. 3. Bronze-Inschrift.

(Vgl. den Originaltext S. 20—22.)

1. Êkal Šarrukênu šaknu Bêl nisakku Ašûr
   šarru rabû šarru dannu šar kiššati šar Aššûr

   šar kibrât arba'ê migir ilâni rabûtê
   rê'ûm kênu ša Ašûr u Marduk
5. šarrûtu lâ šanân ušatlimûšûma
   zikir šumêšu ušêṣû ana rêšêtê
   šâkin šubârê Sippar Nippur
   Bâbilu ḫâtin ênšûtêšunu
   mušallimu ḫibiltišun ḳâṣir
10. ḳitênûtu Aššûr baṭiltu
    mušaššik umšikkê Dûr'ilu
    mušapšiḫu nišêšun anḫâtê
    lê'i kal malkê ša êli Ḫarrâna ṣalûlašu
    itruṣûma kî ṣâb Anim u Dagàn
15. iṣṭuru zakûtsun zikaru dannu
    lâbiš namûrâtê ša ana šumḳut
    nakirê šutbû kakkêšu
    šarru ša ultu ûmê bêlûtišu gabrâšu

    lâ ibšûma ina kabli u taḫâzi
20. lâ êmuru munîḫu mâtâtê kâlišina
    kîma ḫaṣbâti udaḳḳiḳûma ḫammamê
    ša arba'ê iddû ṣirrêtê
    šu-par-šakê-šu šaknûtê êlišunu
    ištakanûma biltu mâdattu
25. kî ša Aššûrê êmêdsunûti.
    Ina bibil libbî'a šêpi Musrê
    šadê ina rêbit-Ninâ ala êpušma Dûr-Šarrukênu
    azkura nibîtsu parakkê rašdûtê
    ana Êa Sin Šamaš Ramân u Adar
30. ilâni rabûtê bêlê'a kirbîšu addî

31—46. Gemäss Cyl. 63, 64 und Stier-Inschrift 60—79 zu ergänzen.

No. 3. Bronze-Inschrift.

(Vgl. den Originaltext S. 20—22.)

1. Palast Sargons, des Statthalters Bels, des Fürsten Asurs,
des grossen Königs, des mächtigen Königs, des Königs der Gesammtheit, des
Königs von Assur,
des Königs der vier Himmelsgegenden, des Günstlings der grossen Götter,
des treuen Hirten, welchem Asur und Merodach

5. ein Königthum ohne gleichen verliehen und
dessen Namens Ruf sie an die Spitze berufen haben,
der die Schäden der Städte Sippar, Nippur
und Babel herstellte, ihre Schwachheit beschützte,
ihre Missethat vergalt, der

10. die abgeschaffte Rechtsstellung der Stadt Assur wahrte,
die Stadt Dur'ilu *umšikkê* tragen liess,
ihre seufzenden Bewohner beruhigte,
des Stärksten aller Fürsten, welcher über die Stadt Charran seinen Schatten
ausstreckte und als Krieger Anus und Dagons

15. das Gesetz ihnen vorschrieb, des Männlichen, Mächtigen,
mit Glanz Bedeckten, welcher zur Niederwerfung
der Feinde seine Waffen ausgehen liess,
des Königs, welcher seit dem Tag seiner Thronbesteigung einen, der ihm die
Spitze geboten,
nicht hatte und in Kampf und Schlacht

20. einen Überlegenen nicht fand; alle Länder
gleich Töpfen zerschmiss und die
vier Sphären niederwarf hingestreckt(?),
der seine Obersten als Statthalter über sie
setzte und Steuer und Tribut

25. gleich den Assyrern ihnen auflegte.
Auf den Antrieb meines Herzens baute ich am Fusse des Berges Musri
bei der Vorstadt von Nineve eine Stadt, und Dur-Šarruken
nannte ich ihren Namen. Festgegründete Heiligthümer errichtete ich
darin den Göttern Ea, Sin, Samas, Raman und Adar,

30. den grossen Göttern, meinen Herren.

31—46. Gemäss Cyl. 63, 64 und Stier-Inschrift 60—70 zu ergänzen.

IV šar III nêr I šûš III kânê II ammat nibît šumi'a

mišêhtê dûrišu aškunma êli aban šadê
ušaršida têmênšu. Ba'ûlât arba'ê

50. âšibûtê šadê u mâti mâl irtê'û šâb ilâni
[bêl gim-]ri pa[a išt-ên ...] ma ušarmâ
kiribšu. Aplê Aššûr mûdûtu êni
kâlama ana šûhuz šipîtê
palâh ili u šarri aklê šâpirê uma'iršunûtê
55. ilâni âšibûtu šamê iršitim u ali šâšu
kibîtî imgurûma êpêš ali u šulbur kirbêšu
išrukû'inni ana dâriš. Ša êpšit kâti'a unakkarûma
bunnânê'a usahhû êsurât êsêru ušamsakûma
Aššûr Ningal Ramân u ilâni rabûtê âšibûtê ina libbišu šumšu ziršu

60. ina mâti lilkutûma ina šapal nakrišu lišêšibûšu kamêš.

No. 4. Silber-Inschrift.

(Vgl. den Originaltext S. 23. 24.)

Êkal Šarrukênu
šaknu Bêl nisakku Aššûr
šarru dannu šar kiššati šar Aššûr

šarru ša ultu sîtan
5. adî sillan kibrât
arba'ê ibêlûma
ištakanu šaknûtê.
Ina ûmêšûma ina biblat
libbî'a ina rêbit-Ninâ šêpi
10. Musrê šadê ala êpušma
Dûr-Šarrukênu azkura
nibîtsu. Šubat Êa

Vier Sar, drei Ner, 1 Soss, 3 kàné, 2 Ellen [Summa: 16280 Ellen] — so viel
mein Name bedeutet —
machte ich das Mass ihrer Mauer, und auf Berggestein
gründete ich fest ihr Fundament. Die vier Reiche [d. h. Leute aus allen
vier Weltgegenden],

50. die da bewohnten Berg und Thal, so viele der Krieger der Götter,
[der Allherr] regiert, [Einerlei Wort .....] und siedelte sie darin an.
Söhne Assurs, verständigen Blickes
für alles, beorderte ich ihnen, um sie Wache zu halten,
Weise (?) und Schriftgelehrte, um sie die Furcht Gottes und des Königs zu lehren.

55. Die Götter, welche den Himmel, die Erde und jene Stadt bewohnen,
begünstigten mein Geheiss und den Bau der Stadt und das Alternlassen ihres Innern
schenkten sie mir für ewige Zeiten. — Wer meiner Hände Werk ändern,
meine Bauten zerstören, die Mauern, die ich gemauert, wegschaffen wird —
dessen Namen und Samen mögen Asur, Ningal, Raman und die grossen
Götter, die alldort wohnen,

60. im Lande wegraffen und ihn zu Füssen seines Feindes sitzen lassen gebunden!

No. 4. Silber-Inschrift.

(Vgl. den Originaltext S. 23. 24.)

Palast Sargons,
des Statthalters Bels, des Fürsten Asurs,
des mächtigen Königs, des Königs der Gesammtheit, des Königs von
Assur,
des Königs, welcher vom Aufgang(?

5. bis zum Niedergang(?) die
vier Himmelsgegenden in Besitz nahm und
seine Statthalter über sie setzte.
Zu ebenjener Zeit baute ich auf Antrieb
meines Herzens in der Vorstadt Nineves, am Fusse

10. des Berges Musri, eine Stadt und
nannte Dur-Sarruken ihren Namen.
Eine Wohnung der Götter Ea,

Sin Šamaš Ramân Adar
ilâni rabûtê bêlê'a
5. ina kirbišu addîma
bunnânê ilûtišunu
rabîtê naklis ušêpišma
ušarmâ parak dârâtê.
Êkallâtê šin sûsi ušê
20. urkarîni muzûkâni êrini
šurmêni duprâni burâsi
u bußni ina kirbišu êpušma
ina bît lilâni tamšil êkal
lßattê ussima bâbêšin.
25. Umâm šadê u ßâmat ina aban
šadê zakri ina niklat Nin[id-gal]
ušêpišma ina kiribišina
šadêš(?) ušaršidma nîribšina
Nannarêš ušabßir
30. gušurê êrini šurmêni
êlišina ußallilma
dalâtê ušê urkarîni
muzûkâni ina bâbêšina
urattî dûrânišu
35. dannûtê kîma kißrat
ußummê uzakkir
X ina I ammat rabîti ußabbirma
êlî III sûš tibßê
taßlûbišunu akßur.
40. Ina duppê ßurâßi kaspi
êrê anâki a-bar uknê
aban giš-šir-gal nibît
šumî'a ašßurma ina
uššêšin ukîn. Rubû arkû
45. anßûsu luddiš
narâšu lišßurma
itti narê'a
liškun Ašûr ikribêšu išêmê.
Munakkir êpšit ßâtî'a
50. mupaššißu sîmâtê'a Ašûr
bêlu rabû šumšu zîršu ina mâti lißalliß.

Sin, Samas, Raman, Adar,
der grossen Götter, meiner Herren,

15. gründete ich darin und
Statuen ihrer hehren Gottheit
liess ich kunstreich anfertigen und
Wohnung nehmen in einem Heiligthum für ewige Zeiten.
Paläste von Elfenbein, *Usú-*,

20. Buxbaum(?)-, Palmen-, Cedern-,
Cypressen-, Wachholderbaum-, Pinien-
und Pistazienholz baute ich darin, und
mit einer Vorhalle nach Art eines Hettiter-Palastes
schmückte ich ihre Thore.

25. Gethier des Gebirgs und des Meeres liess ich
aus hohem Berggestein durch die Kunst des Gottes [Ea]
anfertigen und in ihnen
gleich Bergen fest aufstellen. Ihre Eingänge
liess ich [glänzend gleich] dem Mondgott rings einfassen.

30. Balken von Cedern- und Cypressenholz
deckte ich auf sie.
Thürflügel von *Usú-*, Buxbaum(?)- und
Palmenholz errichtete ich in ihren Thoren,
ihre starken Mauern

35. liess ich, gleich als wären es
Felsen(?), hochragen.
10 Grossellen ... ich und
mehr denn 3 Soss *tibkê*
fügte ich ihre Bedachung.

40. Auf Tafeln von Gold, Silber,
Bronze, Blei, *a-bar*, Marmor,
Alabaster, schrieb ich
meinen Namen und legte sie
in ihr [der Paläste] Fundament. Ein zukünftiger Fürst

45. möge ihren [der Stadt] Verfall erneuern,
seine Tafel schreiben und
zu meiner Tafel
legen, so wird Asur sein Gebet erhören.
Wer aber meiner Hände Werk ändern,

50. meine Insignien verschleudern wird,
dessen Namen und Samen möge Asur,
der grosse Herr, aus dem Lande vertilgen!

No. 5. Gold-Inschrift.

(Vgl. den Originaltext S. 25, 26.)

Ékal Šarrukênu
Šaknu Bêl nisakku
Ašûr šarru dannu
šar kiššati šar Aššûr
5. šarru ša ultu ṣîtan
adî sillan
kibrât arba'ê
ibêlûma ištákanu
šaknûtê. Ina
10. bibil libbî'a šêpi
Musrê šadê
ala êpušma Dûr-Šarrukênu
azkura nibîtsu.
Šubat Éa Sin
15. Šamaš Ramân u Adar
ina kirbišu addî
bunnânê
ilûtišunu rabîtê
Bêl-nimêki bân
20. mimma (?) êpušma
irmû parakkê.
Ékallâtê šin sûsi
ušê urkarîni muzûkâni
êrini šurmêni daprâni
25. burâši u buṭni
ina kirbišu êpušma
bît hilâni
tamšil êkal Ḫattê
mêḫrit bâbêšin
30. aptîkma gušurê
êrini šurmêni ukîn
ṣirûšin. Ina duppu hurâṣi
kaspi êrê anâki a-bar uknê
aban giš-šir-gal nibît
35. šumî'a ašṭurma

No. 5. Gold-Inschrift.

(Vgl. den Originaltext S. 25, 26.)

Palast Sargons,
des Statthalters Bels, des Fürsten
Asurs, des mächtigen Königs,
des Königs der Gesammtheit, des Königs von Assur,
5. des Königs, welcher vom Aufgang (?)
bis zum Niedergang (?)
die vier Himmelsgegenden
in Besitz nahm und seine Statthalter
einsetzte. Im
10. Antrieb meines Herzens baute ich am Fusse
des Berges Musri
eine Stadt, und nannte Dur-Sarruken
ihren Namen.
Eine Wohnung der Götter Ea, Sin,
15. Samas, Raman und Adar
gründete ich darin;
Statuen
ihrer hehren Gottheit
machte ich, „ein Herr unerforschlicher Weisheit,
20. der jedwedes schafft“,
und sie bezogen die Heiligthümer.
Paläste von Elfenbein,
von *ûú*-, Buxbaum (?)-, Palmen-.
Cedern-, Cypressen-, Wachholderbaum-,
25. Pinien- und Pistazienholz
baute ich darin,
eine Vorhalle
nach Art eines Hettiter-Palastes
errichtete ich vor ihren Thoren,
30. und Balken
von Cedern und Cypressen legte ich
auf sie. Auf Tafeln von Gold,
Silber, Bronze, Blei, *a-bar*, Marmor,
Alabaster schrieb ich
35. meinen Namen

ina uššêšin ukîn.
Munakkir êpšit
ḳâtî'a mupaššiṭu
sîmâtê'a Ašûr bêlu rabû
40. šumšu ziršu ina mâti liḫalliḳ.

No. 6. Antimon(?)-Inschrift.

(Vgl. den Originaltext S. 27.)

Ėkal Šarrukênu
šaknu Bêl nisakku Ašûr
šarru dannu šar kiššati šar Aššûr
šarru ša ultu ṣîtan
5. adî sillan kibrât arba'ê
ibêlûma ištákanu
šaknûtê. Ina ûmêšûma
ina rêbit Ninâ šêpi
Musrê šadê
10. ala êpušma Dûr-Šarrukênu
šumšu abbî. Šubat Sin
Šamaš Ramân Adar ilâni rabûtê
ina kirbišu addî.
Ėkallâtê šin sûsi ušê
15. urkarîni muzûkâni
êrini šurmêni daprâni
ina kirbišu êpušma
ina duppu ḫurâṣi kaspi êrê
anâki *a-bar* uknê
20. aban *giš-šir-gal* nibît šumî'a
ašṭurma ina uššêšu ukîn.
Rubû arkû anḫûsu luddiš
narâšu lišṭurma
itti narê'a liškun
25. Ašûr iḳribêšu išêmê.

und legte sie in ihr Fundament.
Wer meiner Hände Werk ändern.
meine Insignien verschleudern wird,
dessen Namen und Samen möge Asur, der grosse Herr,
40. aus dem Lande vertilgen!

No. 6. Antimon(?)-Inschrift.

(Vgl. den Originaltext S. 27.)

Palast Sargons,
des Statthalters Bels, des Fürsten Asurs.
des mächtigen Königs, des Königs der Gesammtheit, des Königs von Assur,
des Königs, welcher vom Aufgang (?)
5. bis zum Niedergang (?) die vier Himmelsgegenden
in Besitz nahm und seine Statthalter
einsetzte. Zu ebenjener Zeit
baute ich in der Vorstadt Nineves am Fusse
des Berges Musri
10. eine Stadt, und nannte Dur-Sarruken
ihren Namen. Eine Wohnung der Götter Sin,
Samas, Raman, Adar, der grossen Götter,
gründete ich darin.
Paläste von Elfenbein, von *usu-*,
15. Buxbaum(?,-, Palmen-,
Cedern-, Cypressen- und Wachholderbaumholz
baute ich darin, und
auf Tafeln von Gold, Silber, Bronze,
Blei, *a-bar*, Marmor,
20. Alabaster, schrieb ich meinen Namen
und legte sie in ihr Fundament.
Ein zukünftiger Fürst möge ihren Verfall erneuern,
seine Tafel schreiben und
zu meiner Tafel legen,
25. so wird Asur seine Gebete erhören.

Commentar.

No. 1. Cylinder-Inschrift.

1. *šaknu Bêl*, ein sehr häufig wiederkehrender Titel Sargons II. Die Bronze-, Silber-, Gold- und Antimon-Inschrift schreiben es ideographisch *ša* (*gar*); ebenso Cyl.-Inschrift Z. 16 (Var. 14); vgl. auch I R 6 No. VII 1: *ša-ak-ni Bêl*. Das Wort ist bekanntlich ins Hebräische als צֶֶן übergegangen. — *nisakku*, in Ant.-Inschr. mit dem andern Ideogramm *pa-te-si* geschrieben, bis jetzt meist *nišakku* gelesen. Meine Lesung *nisakku* (*nisâku*) ruht auf einer Mittheilung Prof. Friedr. Delitzsch's, wonach die unveröffentlichte Tafel K. 4207 die Gleichung bietet *amêlu ab* = *na-si-ku; nu-ab* (*nu-êš*) ist aber bekanntlich dasselbe wie *amêlu ab*, und *nisakku* ist wohl nur eine Nebenform mit *na-sik-ku*, sprich *nasîku*, hebr. נָסִיךְ, Z. 18 unten, Asurn. III 45. — *nišît ênâ*. Zur Lesung *ênâ* vgl. IV R 48 col. 1 6. Gegen die ältere Erklärung von *nišît ênâ* als „Pupille" vergleiche die Bemerkung Friedr. Delitzsch's zu dem Aufsatz Franz Delitzsch's in „Luthardt's Zeitschrift für kirchliche Wissenschaft" S. 125, Leipzig 1882. Friedr. Delitzsch wendet dort wesentlich ein, 1) dass *nišu* im Assyr. nicht „Mensch", sondern nur „Volk" bedeute, vor allem aber 2) dass jene ältere Erklärung an Stellen wie Neb. VII 16 und 35 *ina alâni niš ênêšunu, al niš ênê'a* scheitere.

2. *migir*. Vgl. I R 53 col. 1 4 und V R 34 col. 1 2, wo sich Nebukadnezar *migir Marduk* nennt.

3. *rê'ûm*, W. רעה, auch *rê'a'ûm* geschrieben, V R 12, 35 a. b. Nebukadnezar nennt sich *šar mišarim rê'a'ûm kênûm* „König der Gerechtigkeit, der treue Hirte", I R 65 col. 1 1 f. Daher *rîtu* „die Weide" I R 38, 41. — *ušatlimû*, Impf. 3 Pl. III 1 von *talâmu*. Ich lese t statt d, da ein Stamm *dalâmu* im Ass. sonst unbekannt ist. Gleichen Stammes ist, wie mir scheint, *talîmu* „der leibliche Bruder" Z. 53, Fem. *talîmtu*. *Talâmu* dürfte etwa „mit jem. zusammen, jem. zugesellt sein", III 1 „etwas einem andern zugesellen, jemandem etwas übergeben" (Syn. *nadânu* „geben") bedeuten. Vgl. *ušatlim kadrâ'a* „ich überreichte meine Geschenke" III R 13, 41, u. a. St. m. — *ušêşû* Impf. III 1 von אצא. Für *šûşû* „ausgehen lassen", nämlich die Stimme, syn. *nabû* „rufen" und *šaqâlum* „schreien" siehe V R 19, 39—41 c.d. Beachtenswerth ist, dass in ebendiesem Vocabular unmittelbar auf *šûşû* das Wort *rêšu* „Haupt, Spitze" folgt. — *rêšête*. Wie meine Übersetzung, geht wahrscheinlich auch die jetzige Oppert's („the extremities of the earth", Records of the Past XI 17) für *rêšête* auf אשר zurück. Früher übersetzte Oppert „nequitiem" (Khors. 5) von אשע. Auch Schrader giebt Sargonsstele I 8 das Wort durch „Schlechtigkeit" wieder.

4. *šubârê*, Pl. von *šubâru*, leite ich von der häufig, z. B. V R 5, 119, vorkommenden W. שבר „brechen, zerbrechen" her. Das Wort ist mir noch an zwei Stellen bekannt. Die erstere, IV R 55, 29. 30 Obv. lautet: *şâbâni šunûtim Anum Bêl Êa ilâni rabûtê âšibê šamê u irşiti ina puḫrišunu šubârašunu ukînû*. Der Zusammenh. ist dunkel, es handelt sich aber um eben die drei Städte wie hier, um Sippar, Nippur und Babel. Die zweite findet sich auf den Bronzethoren von Balawat (Salm. Balaw. VI 4): *şâbâni nirârûtê* [1] *šubârê ša ilâni rabûtê kirêti* [2] *iškunma âkâlê kurûna idinšunûti*. Wie auch an diesen beiden

---

1) Vgl. zu dieser Lesung des Ideogramms Paul Haupt, Keilschrifttexte 215, 32.
2) Vgl. hebr. קָרֶת „Gastmahl".

Stellen *Šubáru* zu übersetzen sein mag, es unterliegt keinem Zweifel, dass *šâkin šubârê* so viel wie „restau-
riren" bed., denn III Botta 16, 5. 17, 4. 18, 4 steht anstatt dieser beiden Wörter einfach *zánin* d. i.
„Wiederhersteller", während Khors. 6 *zaninûsun âteppuša* liest, d. i. (welcher) „ihre (der Städte Sippar
u. s. w.) Restaurirung machte". Op. übersetzt „perficiens spem" (Dour-Sark. 4), „he fulfilled the hopes"
(Rec. of the Past XI 17, 8). — *Sippar*, *Nippur*, *Bábílu*. Die Ideogramme sind erklärt II R 13,
24—26 e. d. — *ḫâtin*, nach II R 39, 2—6 e. f syn. von *narâru* „Helfer", *rêṣu* „Helfer", *âlik tappûti*
„einer der zu Hilfe kommt" und *ḫa-mat(?)*, was gemäss V R 1, 75—77: *ana nararûti ḫa-mat(?) šarrâni*
etc., etwas Ähnliches bedeuten muss. Auch Op. „protegens". — *ênšâtê*, Gen. von *ênšûtu* „Schwäche",
W. אנש. Vgl. *anšûtê* Tig. VI 100. — *mušallimu*, Part. II 1, hebr. שלם.

5. *ḳâṣir*, Part. I 1 von *ḳaṣâru* „binden, zusammenbringen, zurecht bringen". Häufig von Truppen
gesagt, z. B. IV Botta 150, 1. 2: *gibiš ummânîa ul upaḫḫirma ul aḳṣura karâši* „die Gesammtstärke meines
Heers versammelte ich nicht und ich brachte nicht zusammen mein Feldlager". Vgl. auch IV Botta 151, 3:
iḳṣurû taḫâzu, und hiermit III R 15 col. I 24: *taḫâzašunu raksû*; also כצר = צר. — *kitênûtu*, eine der
mannigfachen Bildungen von כן. Derartige Bildungen mit eingeschobenem *t* sind im Assyrischen ausserordentlich beliebt, z. B. *šitraḫu* „der Gewaltige" I R 35 No. 2, 1, *itbaru* statt des gewöhnl. *ebru* „Freund"
(hebr. חבר). Andere Beispiele in dieser Inschr. sind *êtlu* Z. 17, *ḳitrudu* Z. 25, *êtpêšu* Z. 34, *mitḫarti*
Z. 72. — *mušaššik*. Die allgemeine Bed. der Grundform dieses Verbums, nämlich „tragen", erhellt schon
aus dem Zusammenhange, sowie aus der Vergleichung der andern, z. B. Z. 56 unseres Textes, sich finden-
den Redeweise: *umšikku ušašši*. Die Frage aber, ob *mušaššik* (dessen letzter Radikal, ob *k* oder *g* oder *ḳ*,
leider noch unsicher bleiben muss) als Piel von שׁשׁק oder als Schafel von שׁקק anzufassen sei, wird durch
eine mir von Friedrich Delitzsch mitgetheilte Stelle des unveröffentlichten Fragments K. 3449 Rev. entschieden, an welcher *išši* in Parallelismus steht mit *ittašik* „er nahm, ergriff", nämlich *ḳašta* den Bogen.
— *umšikku*, Plur. *umšikkê*, häufig gebraucht, wo von Bauten die Rede ist, in Verbindung mit *allu* oder
kudûru oder mit beiden, z. B. V R 10, 89—93. Dass der Zischlaut *š* und nicht *s* ist, lehrt IV R 55,
28 Obv.: *um-ši-ik-ḳa*. Zur allein berechtigten Lesung *umšikku*, nicht etwa *mušškku* siehe unten Z. 63
beim Namen des Palmbaums *muzûkânu*. Was die Bed. betrifft, so ist das Wort nach V R 32, 67 d. e. f.
ein Synonym von *kudûru*; beide Wörter erklären hier das aus den Zeichen für „Rohr", *ḳanû*, hebr. קנה,
und für „tragen", *našû*, אלף, zusammengesetzte Ideogramm. Dass dieses „Rohr zum Tragen" entweder
Baumaterial oder ein Instrument zum Tragen von Baumaterial ist, lehrt schon die oben citirte Stelle V R
10, 89—93: die gefangenen Könige Arabiens, *allu umšikku ušaššîšûnuti ušazbila kudûru labin libnâtišu
zabilu umšikkêšu*. Vgl. ferner IV R 55, 16 Rev.: *umšikku bítâti ilâni rabûtê êmêdušûnûti* „das *umšikku*
für die Tempel der grossen Götter legte er ihnen auf". Diese und andere Stellen machen es sehr wahrscheinlich, dass *umšikku* ein Rohrgeflecht bedeutet, welches die Bauleute bei der Arbeit auf dem Kopfe trugen.
Vgl. auch noch die besonders lehrreiche Stelle I R 50 col. IV 10 ff., sowie Friedrich Delitzsch's Bemerkung in
seinen Beigaben zu Mürdters Kurzgefasster Geschichte Assyriens und Babyloniens, S. 279. Op. übers. *mušaššik*
umšikkê durch „he reunited the dominions" Recc. XI 17. — *mušapšiḫu*, Part. III 1 von פשח. Die
Form I 1 bietet u. a. IV R 29 No. 1, 52 Obv.: *kabattikn lipšaḫa* „dein Gemüth möge sich beruhigen".
Vgl. V R 5, 120. Op.: „he subdued", Recc. XI 17. Die Stellen Khors. 10 und Sargonsstele col. I 17 haben
ušapšiḫa, was Op. und Schr. irrig *ušappiḫ* transscribiren. Dass *pašâḫu* „ruhen, sich beruhigen" bedeutet,
ein Synonym also von *nâḫu* ist, lehren auch Ableitungen wie *tapšaḫu* „Ruhestätte", dem im Nichtsemitischen,
näher in dem sog. Frauendialekt *ki-na* „Ort des sich Niederlassens" entspricht, IV R 23, 32 b. — *nišêšun*.
Das Suffix *šun* bezieht sich auf Dur'ilu, vielleicht auch auf Assur. Da die Stier-Inschr. Z. 6 f. nach Dur'ilu
noch andere Städtenamen folgen lässt, auf welche sich das *šun* eigentlich bezieht, so könnte man auch
annehmen, der Schreiber des Cylinders habe die andern Namen ausfallen lassen, ohne das Pluralsuffix
in den Sing. abzuändern. Die Bronze-Inschr. hat zu *nišêšun* noch *anḫâtê* „die wehklagenden", das assyr.
nišu entspricht etymologisch dem hebr. אִישׁ und אֱנָשִׁים; adjektivisch (und dann mit dem Plural *nišûtê*) bed.
es „männlich" im Gegensatz zu „weiblich", siehe vor allem V R 1, 30. 1 Mich. II 3; substantivisch (und
dann mit dem Plural *nišê*) bed. es collectivisch (ähnlich wie אֱנוֹשׁ) „Einwohnerschaft, Volk".

6. *ša êli Ḫarrâna ṣalûlašu itruṣu*. Op.: „When the kings interpreted to his favour the
eclipse over Harran" Recc. XI 17. Aber diese Übers. ist unmöglich: sie zieht das Wort *malkê* „kings"
mit zum Satze, was aber durch den Zusammenhang und sonderlich durch Stier-Inschr. 9, wo *malkê* überhaupt

8*

nicht vorkommt, ausgeschlossen ist; sie verkennt *ša* als Subject des Verbums *itruṣu*, und giebt endlich dem an zahllosen Stellen wiederkehrenden assyr. Stamm *tarâṣu* eine Bedeutung, welche er nirgends hat. Wo immer ass. ירפ vorkommt, bed. es „gerichtet, gestellt sein", z. B. Asurn. III 26: (Asurnaṣirpal) *ša ana ḫuriltê tarṣu pânuša* „dessen Blick nach der Wüste sich richtete"; vgl. ferner Sanh. Bav. 7 und Salm. Mo. Rev. 72: „die Waffen Asurs *ina libbišunu utarriṣi* richtete ich wider sie". Im Schafel wechselt es häufig mit *kânu* II 1 und *šakânu* „richten, stellen, setzen, legen"; vergleiche unten Z. 64: Balken *ukîn širâšin*, mit Asurb. Sm. 313, 78 ff.: *ušat|riṣu ê|lišu* (vgl. V R 10, 99). Zur Lesung des Ideogramms von *ṣalûlu*, wie für die Bed. der Phrase überhaupt, siehe Asurn. I 44: *Šamaš dâ'inu kibrâtê ṣalûlšu êli'a iškun* „Samas, der Richter der Weltgegenden, hielt über mich seinen Schatten (=Schirm)". Vgl. weiter V R 10, 64 f.: *ṣalûlšunu ṭâbu ṣalûlšunu ša šalâmê itruṣu êli'a* „ihren (der Götter) guten Schatten, ihren Schatten des Friedens, richteten (breiteten) sie über mich". Ebenso ⌐ Ps. 63, 8 vom Schutze Gottes. Eine andere Form des Wortes ist das bekannte *ṣillu*, z. B. *ana ṣillišu dârî* „in seinen (Babylons) ewigen Schatten" versammelte ich alle Völker Neb. Grot. III 23. — *kî ṣâb*, Op. Khors. S. 45 *itti ṣâb*, „cum voluntate", Dour-Sark. 12, 6 *ki-i za-ab* „cum sacrificio", Recc. XI 17 „according to the will". Die letztere Erklärung „gemäss dem Willen" ist vielleicht der meinigen vorzuziehen; der aramäische Stamm אבצ „wollen" ist ja auch im Assyrischen sicher belegbar, vgl. *ṣibû* „begehren" Z. 52 unten, *ṣibûtu* „Wille", *têṣbîtu* „Wunsch, Bitte", u. a. Abll. m.

7. *ḫâlib namûrâtê*. Op.: „sharpening his arms", Recc. XI 17. Dass *ḫalâbu* „bedecken" bed., ist aus Stellen wie Sanh. Bav. 33. V R 2, 4, sowie den abgeleiteten Substantiven *taḫlubu* „Bedachung", *taḫlubtu* „Überzug", *ḫallubtu* „Bekleidung" längst bekannt. Es ist ein Syn. von *labâšu*, wie die Parallelstelle Bronze-Inschr. 16 *libiš namûrâtê* in jeden Zweifel beseitigender Weise bestätigt. Für namûrâtê, Plur. von *namûrtu* (st. estr. *namûrat*) kann man zwischen den beiden Bedd. „Glanz" und „Schrecken" schwanken; die Stellen Asurn. II 78. 119. III 24. Sams. II 44. IV 22. Sanh. III 62. Asurb. 241, 71 u. a. ermöglichen noch keine sichere Entscheidung. Keinesfalls darf mit Oppert „arms" übersetzt werden; denn was soll an Stellen wie Asurn. II 119 *namûrât kakkê'a*, das wäre also „die arms of my arms", für Sinn geben! — *šumḳut*, Inf. III 1 von *maḳâtu* „fallen", wofür III R No. 4 Z. 49 f. eine Hauptstelle. In andern Fällen steht es ganz wie das deutsche „stürzen" von heftiger, eiliger Bewegung, z. B. III R 21, 53 f.: *ana êpeš ardûti'a ana Aššûr imḳutûnima*; Salm. Mo. Rev. 73: „viele von ihm *ana kâpê ša šadê itanaḫutûni* flohen eilends nach den Felsen des Gebirgs". *Šumḳutu nakirê* „Niederwerfung der Feinde" auch Bors. II 21. — *šutbû*, (vgl. Lotz zu Tigl. Pil. I 16), Perm. III 1, von אבט „kommen, sich nahen, heranziehen". Op. übers. *šutbû kakkêšu* durch „shot off his arrows" Recc. XI 17, aber *kakku* ist das allg. Wort für „Waffe"; der „Pfeil" heisst im Assyrischen *uṣṣu* d. i. hebr. ץֵע.

8. *gabrâšu*; siehe hiefür Delitzsch, Assyrische Studien, S. 20 ff. — *êmuru*, Impf. I 1 von *amâru* „sehen, finden". — *muniḫu*, Part. II 1 von חונ „ruhen". Ein *muniḫu* ist einer, der einen andern zu Ruhe bringt, ein Überlegener. Op.: „strenuus" Dour-Sark. 12, 8. Oppert bezieht *muniḫu* auf Sargon, aber das Wort giebt sich klar genug als Object von *êmuru*; vgl. Tig. IV 47 *muniḫa . . . . lâ îšû*.

9. *ḫaṣbâti*, vgl. aram. אבּצ֡ח „Wanne, Krug". Parallelstelle IV Botta 164, 10: *ḫa-ṣa-ba-ti*. Vgl. IV R 16 No. 1, 61—63. V R 32, 2 *ḫaṣbu ṣaḫḫaru* „ein kleiner Topf". Die Parallelstelle Khors. 14 hat *karpâniš* d. i. ebenfalls „gleich Töpfen". — *ḫammâmê*. Die Bed. des Wortes erhellt im Allgemeinen aus dem bekannten Namen des den sieben Planeten geweihten Thurmes des Nebotempels in Borsippa „Tempel der sieben *ḫamâmê* Himmels und der Erde" (zur Lesung *ḫa-ma-mu* des Ideogramms *ur* siehe S^b 271) sowie aus dem Zusatz *ša arba'ê* d. i. „vier an Zahl" an unsrer Stelle. Das Wort wird die Strecke, die Sphäre bedeutet haben. Der Stamm *ḫamâmu* findet sich z. B. II R 60 No. 2, 37, wo Nebo *ḫâmimu parṣê* genannt wird, und in dem männlichen Personennamen *Nabu-ḫammê-ilâni* II R 64, 48 a. Vielleicht ist *ḫamâmu = tarâṣu* „richten, lenken, regieren", also *ḫammâmu = tarṣu* urspr. „die Strecke, die Richtung". — *širrêtu*, Var. *širrêtê*, von mir wegen des Parallelismus des ersten Gliedes als „hingestreckt" gefasst, also als Fem. Pl. von *ṣêru* „niedrig, erniedrigt"; siehe zu diesem assyr. Stamm ׳צ „niederwerfen, niederdrücken" Delitzsch, Paradies S. 144 Anm. 41. Ein anderes, obwohl ebenso geschriebenes Wort bietet wohl V R 9, 107 f.: *ina laḫšîšu attadi šir-ri-tu ulli kulbi addîšuma*. In noch andern Stellen aber ist *širâtu* (*šir-ri-tu, ši-ri-tu*) von *šîru* „erhaben" herzuleiten, z. B. V R 31 col. I 21. VIII 16; vgl. auch I R 69 col. III 26.

10. *aštu*, urspr. „ausgedehnt, amplus", dann von ausgedehnter, weitreichender Macht, daher gemäss

S^c 276 ein Syn. von *dannu*, *akṣu*, u. a. m. — *durugšun*; *durgu* ein wiederholt vorkommendes Wort für „Weg", z. B. Tig. IV 56 (dort in Parallelismus mit *arḫu*).

11. *ṭûdât*, Pl. Fem. St. cstr. von *ṭûdu*; vgl. Salm. Mo. Obv. 8 *ṭûdâtê*. Nicht minder häufig findet sich der männliche Plural *ṭûdê*, z. B. Sanh. IV 4. Tig. IV 53. Die unveröffentlichte Tafel K. 4195 bietet, nach einer Mittheilung Friedrich Delitzsch's, die Gleichungen: *ṭu-du* = *ḫar-ra-nu*; *ṭu-du* = *gir-ru*, woraus das Wort sich als Syn. von *ḫarrânu* und *girru* ergiebt, damit aber zugleich von *urḫu* (חרא), *da-ra-gu* und *mêtêḳu* (II R 38, 23—26 c. d). Schon Pognon, L'Inscription de Bavian, S. 84, hatte auf Grund von Sanh. Rav. 42 diese Bed. von *ṭûdu* richtig erschlossen. — '*â ri*, vgl. hebr. ארח. — *šuglûdu*, nach II R 35, 9. 10 c. d. syn. von *palâḫu*. In der nichtsemit. Spalte ist nach Prof. Delitzsch's Collation dasselbe Zeichen *lag*, *ḫug* zu ergänzen, das bei *palâḫu* steht. — *êtâtêḳû*, Impf. I 2 St. חרא. Vgl. V R 8, 56 *êtêtiḳu*. — *êtêbiru* Impf. I 2 St. חרא. Vgl. Beh. 35 *nêtêbir*. — *naḳab*, St. cstr. von *naḳbu*, „Durchbruchsort einer Quelle, Loch, Tiefe" passim. — *bêrâtê*, Pl. von *bêru* „Quelle, Quellbrunnen", hebr. חרא, durch *kirû* erklärt V R 31, 2 a. b; vgl. hebr. חרא (nur Plur.) „Cisterne, Grube".

ḳâsu = *ḳâtsu*, hier mit männlicher Verbalform construirt, häufig aber auch mit weiblicher, z. B. III Botta 41, 44. Dasselbe ist der Fall beim Namen der Göttin Istar, z. B. IV R 49 col. V S. 16 (männliche Verbalform) und sonst.

16. *šu-par(ud?)- šag*, ein Ideogramm, dessen Lesung zwar unbekannt, dessen Bed. aber ziemlich klar ist. Es ist jedenfalls ein hochgestellter Beamter, speciell Officier, etwa ein Oberst oder General darunter zu verstehen. Vgl. Khors. 120 : VII *šuparšakê adi ummânâtêšunu ..... ašpur*, „7 Generäle sammt ihren Truppen ..... sandte ich", nämlich zur Unterstützung eines unterwürfigen Fürsten. Das Determinativ *amêlu* kann auch wegbleiben, z. B. IV R 55 Rev. 4. 14. Das einfache *šag* (d. i. assyr. *rêšu*, aber wohl auch, wie hebr. חרא lehrt, in das Assyrische als *šâkû* bez. *šâḳû* aufgenommen) findet sich z. B. III R 42 col. I 11 : *amêlu šâḳ šarri*, „der königliche Sak", Titel des Marduk-uṣur, eines Civilbeamten. — *biltu*, St. חרא. Vgl. hebr. חרא, bibl. aram. חרא. Pl. *bilâtê* I R 39, 33. — *mâdattu*, bez. *mâdâtu* findet sich in einer Menge von Schreibweisen, je nachdem das erste oder das zweite *n* des Stamms *nadânu* assimilirt oder compensirt ist. Nach einer sehr ausprechenden Vermuthung Paul Haupt's (Sumerische Familiengesetze S. 16 Anm. 4) ist das Wort in das jüngere Hebräische und biblisch Aramäische als חרא übergegangen.

17. *êtlu*, von חרא „hoch sein", oder einem ähnlichen bedeutenden St. חרא; Op.: *idlu* „justus". — *Ḫumbanigaš*. Zu dieser Notiz vgl. Näheres Khors. 23. 123. Der Name ist ein Compositum, dessen erster Theil *Ḫunba* Name einer elamitischen Gottheit ist, III Botta 9, 15. — *innamru*, Impf. IV 1 von *amâru*, vgl. חרא 2 Rg. 14, 8. — *taḫtâ*, St. חרא, syn. *tapdû* V R 31, 27. 28 f. III Botta 48, 12. 30.

18. *muballiḳu*, Part. II 1 von חרא „verwüsten"; vgl. Cylinder Nabon.-Sippar III 35 *Anunit sâpinat amêlu nakru mu-bal-li-ḳa-at rag-gu*. Z. 47 unten bietet im Vergleich mit IV Botta 164, 13 noch einen Stamm *balâku* oder *palâku* mit *k* oder *ḳ* in der Bed. „weit sein", syn. *rapâšu*. — *ipîdu*. Für *pâdu* wird durch ein von Friedrich Delitzsch mir gezeigtes Vocabular die Bed. „binden, rings umschliessen" sehr nahe gelegt und, wie mir scheint, durch das bekannte Substantiv *pâdu* „Grenze, Seite" bestätigt. Daher meine Übersetzung von *ipîdu*. Möglich dass auch das חרא des Buches Hiob auf diesen Stamm zurückzuführen ist, vgl. חרא u. a. Wörter. Op.: „amicuit". — *urrâ*, Impf. II 1 von *arû* (---), syn. *nadû* (חרא) und *adû* (חרא) V R 28, 2—4 g. h. Op.: „audavit".

19. Vgl. Stierinschr. 21—23. Khors. 25 ff. III Botta 16, 31 f. 17, 27 f. *murib*, Part. II 1 von *rậbu*. Für diesen Stamm sind Sm. 954 Obv. 44. 46 und IV R 8, 2 f. *o* Hauptstellen. Die erstere lautet: *šamê u-ra-ab* (sprich *urâb*) *irṣitum u-nar-raṭ tanâdâtû'a*, *mu-rib-bat* (sprich *muribat*) *šamê mu-nar-ri-ṭa-at irṣitim tanâdâtû'a*, wo beidemal im Nichtsemitischen, näher im Frauendialekt, dem *urâb*, *muribat* jenes *dub* entspricht, welches S^b 155 durch *napâšu* „sprengen" erklärt wird. Die zweite Stelle lautet: *kinûnu appuḫu unâḫ*, *išâti ašrupu u-ra-a-ba* „das Kohlenbecken, das ich angefacht habe, bringe ich zur Ruhe; das Feuer, das ich entzündet, lösche ich aus (tilge ich)", vgl. 5 f. a: *kima kinûnu appuḫu unâḫu išâti ašrupu u-rab-bu-u* (sprich *urâbu*). Op.: „aggrediens". — *iškunu*; geschrieben *ša* mit phonet. Complement *nu*, Stierinschrift 23 *iš-ku-nu*. — *ušêriba*, Impf. III 1 von חרא₅. Der Schlussvokal *a* statt *u* bei Verbis in Relativsätzen zeigt sich in dieser Inschrift auch in *itḳâ* Z. 20, *uḳattâ* Z. 27, *aštulâ* Z. 73. Vgl. aber auch ausserhalb von Relativsätzen *ušalbina* Z. 59, *êpušâ* Z. 62, *ušaršida* Z. 65, *ušarmâ* Z. 73.

20. *iuni itḳâ*. Nach Opperts Auffassung, der *inûtḳa* liest und „avulsi sunt" übersetzt, wäre *innâḳâ* IV 1 von פרק, wie *innabit* von נבא und *innamir* von נמר. Die Härte dieser Auffassung liegt in dem zweifachen Wechsel der Subjecte in dieser Zeile. Zu *înni* vgl. auch Z. 37 unten. Lesestücke 45, 10 bietet ein *ônnu* als Lehnwort aus *îni*. Ein *ônnu* als Getreide oder besser Getreideart liegt vor III R 6, 36 Rev. 55, 11 a. 57 No. 7. 4. Asurn. II 86. 118. Der Stamm *anânu*, dessen anlautender Radikal א fünf-fachen Ursprungs sein kann, hat eben die mannigfachsten Bedd., z. B. bed. *annu* als Pronomen „dieser", als Subst. ebensowohl „Sünde" als „Gnade" (חן). Meine Übersetzung bringt es in Zusammenhang mit jenem *anânu* „Ungemach", dem wir in der interessanten Stelle Sanh. Konst. 73 begegnen, wo Steine *šûtuḳi murṣu anâna lâ diḫê*, also Steine (Amulete) „zur Austreibung von Krankheit und dass Ungemach sich nicht nahe" erwähnt sind. — *ušarmâ*, Impf. III 1 von *ramû* syn. *rabâṣu*. Vgl. die Form I 1 *armâ* V R 35, 23.

21. *tâmtim* ist der regelrechten Lesung *tâmdim* wegen der Schreibweise *tâm-ti* Stierinschrift 34 vorzuziehen. — *sandâniš*, Adv. von einem Nomen Pl. Der mittlere Radikal kann *m* oder *n*, der letztere *d* oder *ṭ* sein. — *ibâru*, Impf. I 1 von *ba'âru*, *bâru*, „fangen, jagen", besonders von Vögeln und Fischen gesagt, aber auch nicht selten von Menschen, z. B. IV R 10, 15 *a-bar-šu* „ich holte ihn (vom Berge her-ab)". Vgl. II R 48 Rev. 34. 35 g. h: *bâru ša nûni*. III Botta 16, 35. 18, 25 geschrieben *i-ba-a-ru*. Op.: „natavit". — *ušapšiḫu*, vgl. oben zu Z. 5. Op.: „disjecit".

22. *muparri'*, Part. II 1 von פרע. Vgl. Sanh. V 58. 60. 77. VI 4. V R 9, 85. — *armaḫê*. II R 23, 40 e. f bietet die Gleichung *ar-ma-ḫu* = *ki-si-it-tum*. Das letztere Wort geht offenbar auf eben-jenes כסה „bedecken" zurück, wovon *ku-si-tum* „Kleid, Hülle, Decke" V R 14, 37 d und *ku-sê-u* „Kopf-bedeckung, Kopfbinde" V R 28, 25 g herstammen. II R 30 No. 4 Rev. 46 findet sich ebenjenes *kisitu* als Äquivalent des gewöhnlichsten nichtsemitischen Wortes für „Seite, Grenze, Umfassung, Umhegung", nämlich *bar* (die Lesung *mê* statt *bar* II R 30 No. 4, 29 ist falsch). Vgl. auch Sanh. Rass. 80: *ki-su-u-ša* ihre (der Terrasse?) Seiten. Daher also *armaḫu* wohl sicher „Deckung, Schutz, Befestigung", etwa Schanze oder Mauer. — *munammê*, Part. II 1 St. נמה „sich setzen, senken, niederlassen". Vgl. I R 52 No. 4, 15 *innamû* (vom Verfall eines Canals gesagt). Daher *namû* „Wohnsitz" Z. 34, *namûtu* „Zustand des Verfallenseins" Sanh. Bav. 6. — *dadmê* „Wohnung, Wohnsitz", sowohl von Häusern (I R 45, 10 a *gimir dadmêša*, Haupt Keilschrifttexte 121 No. 18, 7 *kiššat da-ad-mê-šu*) als von Gegenden (Asurb. Sm. 94, 76: *dadmê šûatunu*) gebraucht; der Stamm *dadâmu* scheint „bauen" bedeutet zu haben. — *ula'iṭu*, hebr. לעט. Vgl. III R 3, 16. 5, 2. Die Verbrennung des Kiakki fand vielleicht erst in Nineve statt, denn Khors. 28 erzählt von ihm nur: *ana šallati amnûšu*. Syn. *ḳamû* und *šarâpu*. — *gišginiš*, ein nichtsemitisches Lehnwort (wie *gi-iš-gal-lu* K 3449 u. a. m.) mit assyr. Adverbialendung. *giš* (*giz*) ist ein nichtsem. Wort für Holz == assyr. *iṣu*. Für die Bed. von *gina*, *gêna* sind II R 17, 57 a. b. IV R 4, 17/18 b. IV R 16, 27/28 b in Betracht zu ziehen. In diesen Stellen entsprechen dem nichtsem. *giš-gên-gêna* (die Verdoppelung bezeichnet den Plural) im Assyr. *bi-na-a-ti*, *bi-na-at*, *bi-na-ti*, Pl. von *bînu*. Dieses *bînu*, *bînu* treffen wir wohl auch Sanh. VI 1 und Sᵇ Rev. 6 (*bi-i-nu*), aber seine Bed. ist noch nicht ausgemacht.

23. *munissî*, Part. II 1, St. נסה. — *damêḳtê*, gleichbedeutend mit *dunḳu*, *dunḳu*, V R 1, 134. Gemäss Khors. 30 gab Sargon seine eigene Tochter dem Ambaris zur Frau, indem er ihn gleichzeitig auf den väterlichen Thron setzte und sein Land vergrösserte. — *imšû*, Impf. I 1, St. משה V R 1, 119, u. ö. Vgl. *in-ši* Asurb. Sm. 216 g und *im-ši* V R 5, 23. Part. Khors. 136 *kisurrêšunu mašûtê* „ihre in Ver-gessenheit gerathenen Grenzen".

24. *idân ḫûlâtê*, gebildet und construirt wie *êmûḳân širâtê* „erhabene Mächte" Asurb. Sm. 11, 11. — *ḫûlâtê*, Pl. von *ḫûlu*, Lehnwort aus nichtsem. *g'ul*, syn. *limnu*. Tig. II 9 *ḫûla ana mêtêḳ* .... *lûṭib* „die Wege, die schlecht waren für das Vorrücken meiner Wagen und Truppen, setzte ich in guten Stand". Vgl. auch I R 49 col. I, 10, wo *idân ḫûlâtê* ideographisch geschrieben ist. Daher *ḫûlu* „Schlechtigkeit" Khors. 92. — *mutir*, Part. II 1 von *târu*. Op. richtig „restituens". — *ḫalṣê*, Pl. von *ḫalṣu*, auch *ḫalšu* I R 29, 50. Op. macht darauf aufmerksam (Khors. S. 100), dass *ḫalṣu* IV Botta 74, 10—12 mit *birtu* hebr. בירה wechselt. Der St. חלץ bed. „stark sein", woher im Hebr. חלץ „die Lende" und חלוץ „gerüstet". Der Befehlshaber einer Burg heisst *rab ḫalṣu* Asurb. Sm. 93, 61. Zum hebr. בָּבְצֶת == assyr.

rab šâkê vgl. Delitzsch in *The Athenaeum* vom 12. Mai 1883. — *êkmûtê*, Part. I I St. הכמ „nehmen, greifen". Daher *êkêmê* „die Räuber" Khors. 31 und *êkêm* Inf. V R 1, 59. Vgl. weiter Sanh. IV 45 f. Salm. Balaw. III 2. — *pulungê*, vielt. mit jenem *pulûku* Sᵇ 169 verwandt, als dessen Wurzelbedeutung „spalten, schneiden" (assyr. *karâšu*) II R 48, 15—17 e. f. bezeugt ist. Analog wäre *balangu* aus *balag* Sᵇ 156. 25. *âdir*, wie Asurn. I, 13, Khors. 41, Part. des häufigen assyr. Stammes ־־א „sich scheuen, sich fürchten", vgl. ASKT. S. 80 Z. 9/10 mit 35 36. Das Substantiv *tâdirtu* findet sich I R 5 No. 2, 8: *ina ta-di-ir-ti u bikiti* „unter Furcht und Weinen". — *tukmâtê*, Pl. von *tukuntu, tukuntu*, syn. *saltu* II R 36, 6. 7 a. b. Sᵇ 329. IV R 50 col. I 5. — *šuruš*, St. cstr. von *šuršu* hebr. שרש; III Botta 45, 34. 35 *šu-ru-uš*. — *mašak*. Dass Hubi'di geschunden worden, berichtet Khors. 35. — *Ilubi'di*, Khors. 33 und sonst auch *Jâ'ubi'di* genannt. — *hamma'ê*, vielleicht besser als Apposition zu Hubi'di zu fassen; die Grundbed. des Stammes חמא, wovon auch der Rahm, die Butter (assyr. *himêtu*) benannt ist, ist leider noch dunkel. Das in Rede stehende Wort habe ich nur noch Salm. Balaw. IV 4 gelesen: *šarru hama'û*, „ein .... König, der nicht zu gehen verstand", so nennt der König seinen Gegner Marduk-bel-usate in offenbar spöttischer Weise. — *išrupu*, Impf. I I, siehe Lotz zu Tig. 4, 21. — *napâsiš* == *kima napâsi*. Vgl. aram. נפץ „hecheln", z. B. Wolle, נפץ „einer der Wolle hechelt".

26. *nâpi'*, Part. I I von dem Verbum נפא oder נפץ, welches als Syn. von *šalâlu* durch Vergleichung von I R 45 col. II 42 und III R 15 col. III 19, als Syn. von *râbu* II I durch III Botta 48, 17 und 17, 12—21 erwiesen ist. Die auf *nâpi'* folgenden Wörter sind vielt. richtiger zu übersetzen: „der das böse, hettitische Volk von Karkemisch an sich riss", so dass *Ḥattê* Genitiv eines Adj. gentil. *Ḥattû* ist. — *dâgil*, Part. I I, syn. *ḥâtu* und *amâru* II R 36, 9 a. b. III R 15 col. I 10. 11. Sehr häufig mit *pânu* im Sinne „jem. unterthan sein" V R 1, 37. 70. Zur Bed. vgl. Delitzsch in *The Athenaeum* vom 9. Juni 1883. — *dâbib*, II R 32, 61 a. b. dem nichtsem. *ka ka*, dem verdoppelten Zeichen für „Mund, Wort, sprechen" gleichgesetzt. Vgl. V R 1, 35. 36. 8, 68. — *zaliptê*, syn. *limnêtu* Khors. 112 f.: *kâpidu limnêtê dâbibu zaliptê*. Siehe Lotz zu Tig. 1, 8. Op. „defectionem". Ob זלף oder צלב als Stamm anzusetzen sei, lässt sich noch nicht mit Sicherheit sagen.

27. *Ursâ*. Näheres über diesen König von Armenien siehe Sargonsstele I 46—50 Khors. 31— 42. 52. 72. 76. — *ukattâ*, Impf. II I von *katû*, „vollendet, fertig, abgemacht sein". P, liest *u-ka-ta-a*. Vgl. Sanh. Bav. 26, wo das Verbum von der „Vollendung" des Kanalgrabens, Stierinschr. 97 f., wo es von der „Vollendung" der Stadt und Paläste gebraucht ist. *Kuttû* oder *šuktû napišta* oder der terminus technicus für gewaltsame Vernichtung des Lebens (vgl. z. B. Tig. 6, 67: *napištašunu ušaktî* „ich tödtete, erlegte sie", nämlich die Wildochsen) im Unterschiede von *šakânu napišta* „verenden, verscheiden" (z. B. in Folge von Pest, Hunger u. s. f.), z. B. V R 3, 135. 4, 80.

28. *munakkir šubat*. Nach Khors. 57 wurden die Bewohner dieser Städte nach Damascus und dem Chattilande verpflanzt; gemäss Botta pl. 72. 158 geschah dies theils im dritten, theils im fünften Regierungs-jahre Sargons. Dass das Relativpronomen in der Mitte der Z. 28 nicht auf Sargon, sondern, wie unsere Uebersetzung richtig thut. auf die Städtenamen zu beziehen ist, lehrt III Botta 72; ebendort findet sich, wie es scheint, [na-]pa-di-iš geschrieben, was für die jetzt noch nicht mögliche Erklärung des sehr schwierigen Adverbs *na-ba-ṭî(?)-iš* vielleicht noch wichtig werden kann.

29. *sâpin*, „bedecken, überwältigen" hebr. ספן. Op. „fulminans". Impf. *aspun* Sanh. Bav. 52. — *gimir baḥûlâtêšunu*. Op. „populum dominationis eorum". Vgl. Del. in Lotz Tig. S. 158. Sanh. Kuj. 1, 8. 4, 42. — *as(?)lis*, häufig in Verbindung mit den Verben *nakâsu* „abschneiden" Sanh. V 76. Khors. 131 und *tabâḥu* „schlachten". Vgl. asurb. I R 3, 56. Asurb. Sm. 113, 110. 111. 137, 78. 79. Die letztere Stelle lautet: *êli makâsi*[1]) *iddûšinna itbuḫûš asliš* „auf die Folterbank warfen sie ihn und schlachteten ihn hin wie ein Lamm". Op. liest *naplis*. — *kullat*, Op. *in mati* „in terras", indem er das *kul* in zwei Zeichen *in mat* zerspaltet. — *isluḥa*, Impf. I I. Dass der Zischlaut *s* ist, lehrt Höllenf. Rev. 34: *Ištar mê balâti suluḫši* „besprenge Istar mit dem Wasser des Lebens". Vgl. ib. 38. — *îmat*, St. cstr. von *îmtu*, hebr. חמה II R 30, 16 a. b. IV R 26, 15—18 a. Nicht zu verwechseln mit dem mit den

---

1) *makâsu*, nom. instr. von *kâsu* (קוץ) „schinden". Ein Syn. ist das interessante *nabbaḫu* von *abâḫu* == *tabâḫu*. Beachte zu dieser Gleichung Ezech. 20, 21. *Nabbaḫu* == *nâbaḫu*, eine Form genau wie *nannabu* von אנב.

nämlichen Zeichen geschriebenen Wort *i-lat* „Göttin", z. B. Asurb. Sm. 121, 35, wo nothwendig *i-lat* (nicht *i-mat!*) *ḳabli* „Göttin des Kampfes" gelesen werden muss. Zu *iltu* „Göttin" vgl. noch V R 33 col. 1 10: *Istar ḳarāti* (= *ḳarāti*) *ilāti* „Istar, die mächtigste unter den Göttinnen". — *mûti*, „Tod"; ziemlich gleichbedeutend findet sich auch *mitûtu*, cig. „Zustand des Gestorbenseins", gebraucht; vgl. V R 7, 33: *iḫsaḫu mitûtu* „er sehnte sich nach dem Tode" (vgl. zu dem hier Erzählten den Tod Sauls 1 Sam. 31, 4). 30. *mā'i*. Die Bed. „stark, mächtig" hätte viell. zuversichtlich in unserer Übersetzung eingesetzt werden dürfen. Nach einer Mittheilung Friedrich Delitzschs findet sich auch das Fem. dieses Adjectivs in der Form *mêtu* == *mā'itu*. — *gamir* wahrsch. *gāmir* (Part. 1 1.) Vgl. IV R 18 col. II 7: *tarānima nû̆sa gu-mi-ir êmûḳi* „Du liebst auch einen Löwen, vollendet an Kraft". Op. übersetzt *gamir dunni* „absolvens facinora". — *abāri*, von dem nämlichen Stamm ־אבר, wovon hebr. ־אֲבָר, ־אֵבֶר. Op. „res gestas". — *šâḳiš*, Impf. *ašḳiš* Salm. Balaw. III 2. Vgl. Delitzsch in Lotz Tig. S. 91. Op. liest *sâiš* „spolians".

31. *mupaḫḫir*, Part II 1 von *paḫâru* „sich versammeln", geschrieben *mu-pa-ḫir* wie V R 1, 18 Var. Die Form II 2 *up-taḫ-ḫi-ir*, findet sich z. B. IV R 49 col. V 1G. Zu dem abgeleiteten Nomen *puḫru* „die Gesammtheit" ist wohl syr. *puḫrâ* convivium zu vergleichen. — *sapḫi*. Dass *sapḫu* und *dalḫu* (hebr. aram. ־לוח) Synonyme sind, legt schon der Parallelismus von *mupaḫḫir Mannai sapḫi* und *mutakkin Ēllipi dalḫi* nahe; es wird überdies bestätigt durch die Inschrift einer grossen Steinplatte Sargons im Britischen Museum, in welcher *dalḫu* geradezu die Stelle von *sapḫu* einnimmt: *mu-ta ḳi-in Man-na-a-a dal-ḫu-u-tê*. Die Grundbed. von assyr. *sapâḫu* und damit von hebr. ־נכס, ist „hinstrecken, hinbreiten", auch wohl intrans. „hingestreckt sein". Vgl. Lesest. 83, 23: *puḫurša issapḫa* „ihre Macht ward hingegossen". — *mutakkin*, mit *ḳ* als zweitem Radical gemäss IV R 68, 65. 66 a: *ina libbi êkallika ta-taḳ-ḳu-un* „in deinem Palaste wirst du sicher wohnen", hebr. ־ןכה. Vgl. Khors. 121: *Ēllipi dālîḫtu utakkin*. — *kilallan*, „ringsum". Diese Bed. wird vom Zusammenhang in vielen Stellen verlangt; vgl. unten Z. 66 und hiermit Lesest. 79, 9. Sanh. Kuj. 4, 17 (wo *ki* statt *ku* zu lesen ist). — *ušarriḫu*, Op. „coli jussit." Beachte für den im Assyr. so häufigen Stamm ־שרה „gewaltig, übergewaltig sein" auch den Eigennamen *Nabû-šar-ḫi-ilâni* „Nebo ist der mächtigste der Götter" II R 64, 54 a.

32. *dā'iš*, Part. 1 1, St. wohl ־שאד, nicht ־שוד, wegen des Impf. *ad-iš* III R 15 col. III 13, geschrieben *a-di-êš* Lay. 17, 11. Das Impf. II 1 *u-da-i-šu* findet sich Sanh. VI 16. — *šâsiš*, Part. 1 1, St. ־שעם. Op. *ša si-mil* „in clivo". Eine ähnliche, auffallende Zusammenstellung von Zischlauten in Einem Verbalstamm bietet *sa-la-ṣu* Sc 295. — *êḳṣi*, wechselnd mit *aḳṣu*, z. B. Asarb. 1 37. II 22, syn. *dannu*, *aštu* Sc 276, St. ־עקץ. Der Inf. liegt viell. vor in *êḳêṣu* II R 62, 29 c. d. Das Wort findet sich häufig in Verbindung mit *nakru*. Op. liest und übersetzt *ik-ṣi* „rebellium". — *barânû*, Asurb. Sm. 211, 92 *ba-ra-nu-u*, ib. 216 i *ba-ra-nu*, in beiden Fällen ebenfalls mit *êḳṣu*. Smith übers. „perverse". Das Wort mag eine Bildung auf *ân* von dem bekannten Verbum *bâru* „fangen" sein, wonach es etwa „Plünderer, Räuber", bed. Doch ist dies noch unsicher. Vgl. zu dem schwierigen Worte vor allem noch III R 15 col. II 15: *Nabû-zir-napišti-uštêšir barânû nabalkattânu* „der Räuber, der Empörer". — *âlâšu* == *ištu âlišu* „aus seiner Stadt", wie *kirbûšu* „in seiner Mitte" Z. 62 unten, *šêpû'a* „mir zu Füssen". Op. *er-us-su* „exercitum suum". Pl. *âlâni* ASKT. 81, 26. Wie der St. cstr. *a-al* lehrt, ist das *a* lang; der Verbalstamm ist ־אול, in der Bed. „sich niederlassen, sich niederlegen" gesichert durch andere Derivata wie *ma-ai-al*, *ma-ai-al-tu* Syn. *êršu*, „Bett, Ruhepolster" II R 23, 55. 56 c. Es ist der nämliche Stamm, von welchem das hebr. ־אֹהֶל „Zelt" benannt ist.

33. *pâri*. Da in dem Vocabular II R 30 No. 4 Obv. dem Worte *pâru* unmittelbar *kabattu* „Leber", *zuaru* „Leib", *pagru* „Leib, Leiche", *ṣapru* „Fingernagel" folgen, so ist viell. auch für *pâru* an einen Theil des menschlichen Körpers zu denken, um so mehr, als wir aus Khors. 56 wissen, dass Asurle' lebendig geschunden worden. Op. übersetzt deshalb nicht unberechtigt „cutem", vgl. oben Z. 25. Ist etwa ־אֲרָפ „schneiden, abschneiden, zerschneiden" (vgl. z. B. Sanh. V 60. VI 4. V R 4, 135) das Stammwort, so dass *pâru* (= *par'u*) die „abgezogene Haut" bedeutet? — *Aŝûrlê'i* „Asur ist wissend", Khors. 56 *Aŝûr-zu* geschrieben, d. i. *Aŝûr-îdi* oder *Aŝûr-lê'i* Z. 55. Vgl. Namen wie hebr. ־יְדַעְיָה. — *illûriš* „gleich *illûru*". Das Wort *illûru* erscheint unter den vielen Synonymen von *pirḫu* „Spross, Keim" II R 23, 5 e. f; in einem Rassamschen Fragment ist es das assyr. Äquivalent des Ideogrammes *u(šam)ninda* (zu dem letzteren Zeichen siehe Sᵇ 197). Gemäss dem Zusammenhang der Stelle Sanh. Kuj. 4, 7 scheint *illûru* etwas wie „Glanz,

Pracht" bedeutet zu haben, und hierzu stimmt, dass V R 28, 38—40 g. h. *allûru* als ein Syn. von *subât šarri* „königliches Gewand", *ṣubât bêlûti* „Herrschergewand" aufgeführt ist. *Illûru* als Syn. von *pirḫu* würde hiernach den jungen Keim, das junge Grün, die Blume u. s. f. als „glänzende" bezeichnen; analoge Bezeichnungsweisen etwa aus dem Hebr. anzuführen ist überflüssig.

34. Die Zeile kehrt gleichlautend wieder Stierinschr. 36—39. Im Cylindertext ist *šá* vor *ana* durch Versehen des Schreibers ausgelassen. — *êtpêšu*, eine Bildung mit eingeschobenem *t* von einem Stamme *êpêšu*. Sanh. I 3 nennt sich Sanherib *rê'um êtpêšu*. Die Form *ip-pê-šu* oder *êp-pê-šu* V R 13, 39 b stammt augenscheinlich von ebendiesem Stamm; es erscheint dort als ein Syn. vom *êmḳu* „weise" פאר, *mûdû* „verständig" ידע, *ḫassu* „sinnig" חכם, *mâr ummâni* „kunstfertig, Künstler" und *bêl têrti* „Gesetzgeber, Schriftgelehrter" מורה צדק. Die Bed. „klug, verständig" passt vorzüglich an unsrer Sargonstelle. Vgl. auch die Femininform *êtpêštu* IV R 14 No. 1, 25: *zinništu êt-pê-š-tu* „das kluge Weib"; es entspricht an dieser Stelle im nichtsemitischen Urtext das verdoppelte Zeichen *tuk*, das gewöhnlich durch *išû* „sein" und *aḫâzu* „besitzen" übersetzt wird. *êtpêštu* also viell. = versatilis? Op. giebt *êtpêšu* durch „anxious to fulfil his duty" wieder Recc. XI 19. Der assyr. Stamm *êpêšu* „sinnen, forschen, sinnig sein", IV R 17, 20 b in Parallelismus mit *ḳapâdu* „sinnen, planen" und IV R 45, 27 in Verbindung mit *ḫasâsu*, deckt sich begrifflich und wohl auch etymologisch mit dem hebr. Stamme חשב. Ob nicht etwa *êpêšu* „handeln, thun" im letzten Grunde Eins ist mit diesem *êpêšu* „geschickt, klug sein"? — *muštâbil*, Part. III 2 von בול „tragen, bringen". Das Wort wird auch vom Gesetzgebung gebraucht, so Sm. 954 Z. 24: *ana šutâbul têrêtê*. — *namê*, Pl. von *namû*, siehe zu *munammi* oben Z. 22. Auch Asurb. Sm. 81, 9: *na-mê-ê-šu* „seine Wohnsitze". — *nadûtê*, Pl. von *nadû* „hingeworfen, verfallen" (נדה). Op. übers. *namê nadûtê* durch „those extensive habitations" Recc. XI 19. — *ḳirubê*, mit *ḳ* statt *k* nach Stierinschr. 38, daher meine Übersetzung „Nachbargebiete", die aber trotzdem viell. in „Boden, Grund, Stück Land" umzuändern ist — an den mir bekannten Stellen, vgl. z. B. Sanh. Konst. 60 mit Asarh. V 6—8. Sanh. VI 35 f. erscheint es als reines Syn. von *ḳaḳḳaru*[1]). Op. übers. „porticoes" Recc. XI 19. — *zaḳâp*, viell. I 1 von זקף „aufrichten", wovon *ziḳpu* Asurn. II 109, *zaḳîpu* Beh. 60 „der Pfahl" (als der aufgerichtete). Wie hier, findet sich *zaḳâpu* auch sonst häufig vom Pflanzen gebraucht, so V R 10, 105. Sanh. Kuj. 4, 33. I R 27 No. 2, 9. Wenn I R 28 col. II 23 in ebendieser Bedeutung *aš-ḳu-up* „ich richtete auf, ich pflanzte" sich findet, so dürfte dies im Hinblick auf andere Stellen, wie Asurn. III 89. Salm. Ob. 125, kaum als lediglich ungenaue Schreibweise statt *azḳup* zu fassen sein, vielmehr wird man einen mit זקף gleichbedeutenden St. שקף „aufrichten" anzunehmen haben. — *ṣippâtê*, Pl. von *ṣippatu*, eine Art Rohr V R 32, 64—65 d. e. f. St. סבך. Die Assyrer pflegten die langgestreckten Ufer ihrer zahlreichen Kanäle mit Rohren zu bepflanzen; vgl. auch Stierinschr. 46. Sanherib pflanzte *ṣippat*-Rohre in seinem grossen Park Sanh. Kuj. 4, 33. 39. Sind etwa „Weidenrohre" darunter zu verstehen? Op. „measuring pegs" Recc. XI 19.

35. *uḫummê*, wahrsch. ein Lehnwort. Meine Übersetzung „Fels" gründet sich auf Silberinschr. 36, wo der Zusammenhang diese Bed. zu verlangen scheint. — *zaḳrûtê*, Part. I 1 von *zaḳâru* „spitz sein, in die Höhe ragen", II 1 „hoch machen" Neb. Bors. col. I 29. III R 21, 62. Daher *ziḳ-ḳur-ra-tu* „Thurm". — *urḫitu*, vgl. hebr. ירק, Syn. wahrsch. *arḳu* II R 26 No. 2, 55 verglichen mit II R 30, 12 c. d. Das nämliche Ideogramm *u-rik* wird II R 41, 3 c. d neben *urḫitu* auch durch *ta-ba-ḳu* erklärt. Wie hier, scheint mir auch II R 41, 5 c. d *urḳitu* mit *aṣû* „ausgehen, hervorkommen, hervorspriessen", in Verbindung gebracht zu sein. Vgl. besonders ASKT. 116, 8, wo Istar *mušêšât urḳîtê* genannt ist, „die, welche das Gewächs hervorspriessen lässt". — *ûṣât*, 3 P. Fem. Perm. III 1 von *aṣû* יצא. Siehe für diesen Stamm obenan II R 62 No. 3 Rev. (Die Ausgabe II R verwechselt Rev. mit Obv.); Z. 52 ff. c. d dieses Vocabulars führt den Gebrauch des Verbums *aṣû* vom Emporwachsen der Bäume und Rohre ausdrücklich an. Op. liest *la ṣad kumtu* statt *la šûṣât biltu* und übers. „non attingens altitudinem", wobei das Zeichen *šu* unberücksichtigt bleibt. — *šuššê*, für *šunšê*, Inf. III 1 von *našû* „heben, tragen, bringen". In der bilinguen Tafel IV R 18 No. 3 Obv. ist *biltu* mit *našû* wiederholt vom Ertrag des Berges, des Feldes und des Gartens gebraucht. — *ṣurruš*, für *ṣurrušu*, „sein *ṣurru*". Das Zeichen, welches Sᵇ 255 durch *libbu* „Herz" er-

---

1) Das schraffirte *tê* in Asarh. V 6 ist gemäss dem Original in *ḳa* umzuändern.

klärt wird, findet sich in der unveröffentlichten Tafel K. 4341 col. I 17 durch *gur-ru* erklärt *Libbu* und *gurru* sind also Synonyme; vgl. auch Asarh. VI 38 f. Sanh. Kuj. 4, 42. Op. liest *susse esurrus ustabil* „ad fundationem strati respexit“.

36. *kigallum*, Lehnwort aus *ki-gal* „grosses Land“ (vgl. *kisallu* aus *kisal* Sᵇ 231). „Grosses Land“ ist eine Bezeichnung der Unterwelt, wie *uru-gal* (= assyr. *kabru* Sᵇ 192, hebr. קבר) „die grosse Stadt“ Bezeichnung des Grabes ist. Das Ideogramm *ki-gal* in der Aussprache *sur* wird II R 44, 74 a. b durch *bi-ru-tu* übersetzt. Zu *kigallu* vgl. noch I R 52 No. 6, 4. 66 col. III 32—35. 67 col. I 32. An unsrer Stelle hat *kigallum* noch seine ursprüngliche Bed. „grosses Land, grosses Terrain“, doch dürfte schon hier, des Gegensatzes zu *nhumme* halber, vor allem eine tiefliegende Gegend gemeint sein. — *nartaba*, eine Bildung wie *narkabtu*, von dem St. רטב „feucht, durchnässt sein“. Das Zeichen *pin* ohne vorhergehendes *is* bed. „Fundament“, z. B. unten Z. 60, und so übersetzt Op. auch hier. Die Lesung *nartabu* für die Zeichen *is pin* findet sich V R 29, 64 g. h, wo auch die nichtsem. Lesung *a-pi-in* in einer Glosse gegeben ist. Dieses *apin* ist in das Assyrische als *ê-pi-(in-)nu* übergegangen Sᵇ 291. ASKT. 124, 14 f. Die Bed. „Rinne, Bewässerungskanal“ ergiebt sich für *nartabu* nicht nur aus der Etymologie, sondern auch aus dem Zusammenhang in einer Reihe von Stellen, z. B. Tig. VI 101—104, wonach reichere Ernten durch Vermehrung der *nartabê* erzielt werden; ähnlich in der Inschrift Hammurabi's (siehe Ménant, Man. d. la Langue Assyr. 306 ff.). Höllenf. 24 Rev. ist demgemäss zu übersetzen: „Der Vorrath in den Kloaken der Stadt sei deine Speise!“ Wir begegnen dem in Rede stehenden Ideogramm auch auf der sehr interessanten und religionsgeschichtlich hochwichtigen Tafel IV R 58 und 59, wo unter den mancherlei Örtern, an welchen, und den mancherlei Lagen, in welchen der bussfertige Sünder die Götter um Erlösung anflehen soll, Seite 59, 1 b auch *nartabu* erwähnt wird: liegend, sitzend, trinkend und essend, am Feuerheerd, schreibend und reitend, *ina âḫi nartabi, ina âḫi bûri, ina âḫi nâri, ina âḫi êlippi* d. h. am Rand der Wasserrinne, am Rand des Brunnens, am Rand des Flusses, an Bord des Schiffes, beim Auf- und Untergang der Sonne, beim Herausgehen und Hineingehen in die Stadt, das Stadtthor und das Haus, auf der Strasse, im Tempel, auf der Reise, u. s. w. — allüberall soll er um Vergebung bitten. Vgl. endlich noch zu *nartabu* das leider zerbrochene Fragment K. 4400 = V R 32, 56 sowie Sᵇ 339 und II R 30, 68 b. c, an welchen letzteren beiden Stellen ein anderes Ideogramm, nämlich *sun*, dem Worte *nartabu* entspricht. — *šêr'a*. Alle Stellen, an denen dies Wort vorkommt, führen auf etwas auf dem Felde, dem Acker sich Findendes. Vgl. obenan den Fluch am Schlusse des Michaux-Steines I R 70 col. IV 9 ff.: „Raman, der Oberste Himmels und der Erde, der Sohn Anu's, der Starke, möge sein Feld überschwemmen, das Korn vernichten, Unkraut(?) möge gedeihen, *ši-ir-a bi-ri-ta likabbiså šêpåšu* Halm(?) und .... mögen seine Füsse zertreten.“ In Verbindung mit dem Acker, assyr. *êḳlu*, lesen wir das Wort auch ASKT. 71, 8, wo ihm zugleich in der nichtsemitischen Columne ebenjenes Ideogramm entspricht, das auch V R 29, 68 g. h, vor allem aber V R 1, 46 sich findet. An der letzteren Stelle schildert Asurbanipal die Fruchtbarkeit des Landes unter seiner Regierung und sagt unter anderm, das Getreide sei *ina šêr'išu* so und so hoch, die Ähre dagegen so und so lang gewesen. Es erhellt hieraus, dass *šêr'u* ebenso wie *šubultu* ein Theil des Getreides ist: es darf wohl zuversichtlich die Übersetzung „Halm“ gewagt werden. — *šûzuzi*, Inf. III 1 von *nâzu* im Kal „sich niederlassen“, im Schaf. „etw. aufstellen“. Vgl. das häufig vorkommende *ušziz, ulziz* für *ušâziz* (Analogiebildung anstatt *ušânziz*). — *šulsê*, Inf. III 1 von רסא, רסנ mit Übergang des radicalen *š* in *l* vor dem Zischlaut wie in dem ebenerwähnten *ulziz*. Die Form I 1 bietet Sanh. V 62 *al-sa-a* und Asurb. Sm. 124, 58 *il-si*. Synonyme sind *ragâmu* und *ḳibû* Sc 320 f., *nabû* und *ḫabâbu* II R 29, 17—19 c. d. IV R 21, 47 48 b, *nagâgu* II R 20, 24 c. d und *zakâru* II R 7, 49 g. h verglichen mit ib. 36 g. h. — *alâla*, viell. interjectionell gebrauchter Inf. I 1 von שלל oder לל „rufen, jauchzen“, V R 6, 101—103 ebenfalls mit einem Derivatum von *šasû* gebraucht: *šisû a-la-la*. Ob diese Wurzel nicht auch in dem Worte *mu-šul-li-lu* IV R 23, 14 a vorliegt, welchem im Nichtsemitischen (und zwar im Frauendialekt) jenes Ideogramm entspricht, das II R 7, 6 g. h, wie die Zeile jetzt vervollständigt vorliegt, durch *ḫašâšu* „sich freuen, frohlocken“ erklärt wird?

37. *innê*, Pl. von *innu*. Das Assyrische scheint ein Verbum *ênû* als Syn. von *rakâsu* „binden“ zu besitzen, woher V R 28, 16 g. h *mê-ê-nu* „die Krone“ Syn. *riksu* Z. 19 und *agû*. Das *innu* eines Stromes würde hiernach „das, was den Strom bindet, in sich schliesst, das Strombett“ bedeuten, *inni* bez. *innê*

tamirti „Wasserlaufbetten, Kanalbetten" — eine solche Bed. scheint mir der Zusammenhang zu fordern. — *tamirti*. Das Assyr. hat mehrere Wörter *tamirtu*: zunächst das aus der häufig vorkommenden Wortverbindung *ina tâmirti* der und der Stadt d. h. „angesichts der und der Stadt, in ihrer nächsten Umgebung" wohlbekannte *tâmirtu* z. B. Sanh. Bav. 35. Sanh. II 76 f., St. ־מא₁; sodann *tamirtu* „Wasserbehältniss" oder etwas dem ähnliches; vgl. Sanh. Bav. 28 f: *Éa bêl naḫbi kuppi u tamirtê* d. h. „Ea, Herr der Quelle, des Strudels (vgl. aram. ‏קּצא‎, ‏קּצא‎) und Wasserbehältnisses"; ferner ib. 6. I R 52 No. 4, 9 ff. a. Khors. 126 und obenan III R 43 col. IV 4, wo *tamirâti* in Parallelismus steht mit *nârâtê* „Ströme, Kanäle". Der Stamm dieses *tamirtu* ist vielleicht ־מא₂; vgl. ‏מַמְבְּרֵי‎ Ps. 140, 11. Ein drittes *tamirtu*, viell. Eins mit *tamartu* „Geschenk", siehe Asurb. Sm. 94, 69. — *šukûpê*, Inf. III 1 sei es von ‏קּמ‎ „fallen, einstürzen", sei es von ‏קּמ‎ (‏קּיק‎) „einsetzen" Neh. 1 42. 65. IX 51. Meine Übersetzung „verfallene Betten des Wasserlaufes" geht von dem ersteren Stamme aus; doch scheint mir nach erneuter wiederholter Prüfung dieser höchst schwierigen Zeilen der Zusammenhang die Ableitung von ‏קּיק‎ „einsetzen", also die Übersetzung: „Wasserlaufbetten herzurichten" mehr zu empfehlen. — *kârâtu*, Pl. Fem. von *kâru* „Einfassungsmauer, Damm" Neh. VI 51 u. o. Zu der Femininform *kârâtu* anstatt der sonst belegten Masculinform *kârê* vergleiche das Wort *bâbu*, welches seinen Pl. ebensowohl *bâbê*, *bâbâni* als *bâbâti* bildet. Auch hebr. ‏רּיר‎ bildet seinen Pl. ‏רּיּיר‎. — *pitê*, „öffnen, eröffnen" d. h. hier „einweihen". In ebendieser Bed. „einweihen" findet sich *šurrû* „öffnen, lösen, beginnen" V R 10, 107 gebraucht; vgl. *ina tašrît êkalli* „bei der Einweihung des Palastes" Sanh. Kuj. 4, 42. Die Beschreibung einer Einweihungsfeierlichkeit siehe Sanh. Bav. 27. — *yibiš*, St. estr. von *gibšu*; gleichbedeutend ist *gubšu* Khors. 122. — *êdê* „Fluth", Lehnwort aus nichtsemitischem *a-dê-a* „kommendes Wasser" opp. *a-si-ga* = assyr. *ê-si-gu* „schwach werdendes Wasser" d. i. „Ebbe". Das Wort *êdû* „Fluth" findet sich oft, z. B. Khors. 122: *êli marrati gubuš êdê ittakil* „er verliess sich auf das Meer, die Wucht (das Ungestüm) der Fluth". Asurn. I 13, wo sich der König in dichterischem Schwunge *êdû gabšu ša mâḫira lâ išû* „ungestüme Meeresfluth, der niemand zu widerstehen vermag" nennt. Ein anderes nichtsemit. *a-dê-a*, zusammengesetzt mit *dê* „bewässern", assyr. *šaḳû* siehe II R 30, 13. 15 a. b. V R 16, 9 a. b. — *nuḫšu*. Sein Ideogramm ist *šar* gemäss S° 76. Die Stelle Sanh. Bav. 31 wird durch IV R 18, 13 f. a klar. Synonym sind *duḫdu* und *ḫêgallu*; alle drei zusammen siehe I R 27, 52 f. Ein Synonym wiederum von *ḫêgallu* ist *šûḳu* gemäss V R 28, 61 g. h. 71 c. f. — *šušḳê* Inf. III 1 von ‏קּמּ‎.

38. *pit* von ‏רזּמ‎; vgl. *ḫiṭ* „Sünde" von ‏רּממ‎ IV R 53 No. 2, 8. — *ḫasîsi*, häufig in Verbindung mit *uznu*, siehe Asurn. V 28. I R 27, 43. Sanh. Kuj. 4, 19. IV R 11, 20 h. Vgl. noch das *zu êtpêšu* Z. 34 Bemerkte sowie Sanh. V 28. I R 27, 43. V R 8, 66. — *lê'i êni kâlama*. Vgl. hiermit *mûdûtê êni kâlama* unten Z. 44. Bei dem Eigennamen *Ašûrlê'i* Z. 33 wurde gezeigt, dass es ein Wort *lê'û* Syn. von *êdû*, ‏רּיּ‎ giebt. Beachte für diesen Stamm ‏אמּלַ‎ „hell sein, klar sein, wissen" die Schreibweise des Gottes Nebo *i* (so ist *ni* zu lesen)‑*zu-zu* als *ilu tê-lê'-u* „mit Weisheit begabter Gott". — *šunnat*. Auf dem kleinen Fragment K. 4196 folgt *sun-na* unmittelbar auf die Wörter *niḳû* „rein", *santum*, *namru*, *êbbu*, *êllu* „glänzend". Die Bed. würde — wären nur die drei folgenden Zeichen verständlich — recht gut in den Zusammenhang passen. — *milki* (hebr. aram. ‏מלּם‎) St. estr. *milik* V R 1, 121, Synn. *ṭêmu* (‏מּצּע‎ Dan. 3, 10), *tašûntu* und *šitultu* V R 17, 4—7 c. d. Wie hier, so findet sich auch sonst in zusammenhängenden Texten *milku* neben *tašîmtu*, so z. B. V R 33 col. I 11; häufig auch in Verbindung mit *ṭênu* z. B. Asurb. Sm. 9, 2. Sanh. V 3. 22. In der interessanten Aufschrift der beiden Nebostatuen des Britischen Museums, veröffentlicht I R 35 No. 2 wird Nebo ein Gott genannt, „ohne welchen kein Rathschluss im Himmel gefasst wird", assyr. *ša balûšu ina šamê lâ iššakanu milku* (Z. 6) — *irbû*, Impf. I 1 von *rabû* „gross sein oder werden", auch V R 1, 27 f. Die Form II 1 in der Bed. „aufziehen" in der Aussetzungsgeschichte Sargon's I: *u-rab-ban-ni* „er zog mich auf" III R 4, 62. Op. „erzählen". — *tašimti* (so lies statt *tazimti*!) von seiner Bed. nach durch die soeben angeführte Stelle V R 17, 4—7 c. d (vgl. das Duplicat II R 26, 7—10 a. b, dessgleichen V R 16, 1—2 h) sowie durch den Parallelismus in vielen zusammenhängenden Stellen gesichert; die Aussprache *tašîmtu*, nicht *tasimtu* oder gar *tariktu*, folgt aus dem Zusammenhang des Vocabulars II R 7, 1 ff.a. b. Für die Etymologie wage ich noch keine Behauptung. — *išêḫu*, Impf. I 1, von eben dem Stamme ‏שׂע‎ ‏ר₂‎ (‏ר₂ שׂע‎), wovon hebr. ‏שׂיח‎ „Strauch"; vgl. syr. ‏ܫܘܚ‎ „sprossen, blühen". IV R 18, 59/60 a wird das Ideogramm für *aṣû* „ausgehen, sprossen" (Sb 84) durch assyr. *ši-i-ḫu* (Perm.) wiedergegeben und Sanh. Kuj. 4, 10 f. ist von uralten Cedern die Rede, *ša ultu ûnê rûḳûtê i-ši-ḫu* „welche seit fernen

68   Commentar.

Tagen gewachsen waren". Dass die *êrini šubilhûte* Z. 72 der Stierinschrift wirklich „hochgewachsene, schlanke Cedern" sind, wie meine Übersetzung vermuthet, lehrt die Stelle Tig. jun. Rev. 76: *gušurê êrini šêhûti* „hochgewachsene, schlanke Cedernbalken" — *šutâhu* ist einfach eine Bildung von שוה (פיה) mit eingeschaltetem *t*.

39—42. In diesen wie in den folgenden drei Zeilen müssen leider einzelne Wörter noch immer unerklärt bleiben; trotzdem dürfte ihr allgemeiner Sinn — noch etwas schärfer als in unserer Übersetzung geschehen — dahin zu verstehen sein, dass es sich Sargon angelegen sein liess, die Speicher des Landes so reichlich mit dem was zu des Leibes Nahrung und Nothdurft gehört anzufüllen, dass *trotz* Hungersnoth und *trotz* Verderbens des Weins keinerlei Missstand für die Landesbewohner daraus erwuchs.

39. Oppert übersetzt: „Regio Assyria vasta (erat) solitudo; paludes et zizania in domibus, pro thesauris regni; effusio tonitruum illud." *tê'âtu*. Die Bed. „Nahrungsmittel" lässt sich sowohl aus zusammenhängenden Texten als aus Vocabularien nachweisen. II R 48, 46 f. g. h erscheint *ti-u-tu* als Syn. von *ma*(sic!)-*ka-lu-u* „alles was zur Speise (אָכְלָה) dient". V R 28, 84 c. f bietet die Gleichung *ta-a* (Var. *'a*]-*u* == *a-ka-...*, was sich ohne Weiteres zu *a-ka-lu* ergänzt. Am klarsten aber erhellt die Bedeutung aus Asurb. Sm. 59. 58 b: *mê u tê-'u-u-ta balât napištišuu ana pîšuu ušâhir* „Wasser und Speise, die Erhaltungsmittel ihres Lebens, schnitt ich ihnen ab", (es ist von der Belagerung der Stadt Tyrus die Rede.) Ob *tê-'u-u-ti* III R 41 col. I 15 die nämliche Bedeutung hat? Oppert und Ménant übersetzen dort „jugum duplum", Doc. Jurid. 118, 15. — *nišbê* „Sättigung", St. שבע; unser Subst. findet sich auch V R 8, 119. — *tillinû* (== *tilênû* und also genau eine Form wie *rêmênû* „barmherzig"?) viell. Beziehungsadj. von einem Subst. *tilênu* (St. שלו); Näheres noch nicht zu sagen. — *zunnunu*, entw., wie unsere Übersetzung das Wort fasst, Inf., oder Perm. Pl., auf *rûtê* bezüglich. Ebendieses Wort findet sich auch Z. 47, und da an dieser letzteren Stelle L₁ wirklich *zu* bietet, das sich auch sonst etymologisch empfiehlt, so habe ich sowohl dort wie hier *zu* transscribirt, obgleich P₁ an beiden Stellen deutlich *su* bietet. Auch P₂ hat *su* in der zweiten Stelle; L₂ ist abgebrochen. — *râtê(i)šun*. Assyr. *râtu*, hebr. רהט, bedeutet, wie diese Stelle lehrt, genau so wie *pisânu*, jedwedes Behältniss, besonders aber Wasserbehältniss. Für *pisânu* beachte die Stelle K. 5418 col. IV: *hirâtika mê mulli pisânâtika šêmka kaspaka ...... šûrib* „deine Gräben fülle mit Wasser, in deine Speicher bringe dein Korn, dein Silber u. s. w.", und vgl. Delitzsch, Paradies S. 77. 142. Die Grundbed. des hebr.-assyr. Stammes רהט ist noch dunkel, doch war sie sicherlich nicht „laufen", geschweige dass der Stamm mit רוץ irgendwie zu combiniren wäre.

40. *atmû*. Da mit dem Worte *admu* „Kind" und speciell „junger Vogel" an unserer Stelle kaum etwas zu machen ist, ein anderes Wort *admu* oder *atmu* (*atmû*) als jenes *atmû* Pl. *atmê*, welches unten Z. 72 mit der sicheren Bed. „Wort, Rede" vorliegt, mir wenigstens nicht bekannt ist, so wird auch hier wohl *atmû* zu lesen und dieses Wort in der dem hebr. אֹמֶר „Wort, Rede" eignenden allgemeinen Bed. „Sache, Zustand" zu fassen sein. Das Wort ist gemäss II R 7, 31 c. d als eine Bildung von dem Verbum *tamû* „sprechen" mit präfigirtem א zu fassen; zu dem ihm entsprechenden Ideogramm (*ka*). *bal-bal-ê* beachte auch IV R 1, 14 15 a. *atmû rêšêtê* könnte also viell. als „anfänglicher, ursprünglicher Zustand" gefasst werden, so dass Sargon sagen würde, dass trotz etwaiger Hungersnoth im Lande Assyrien alles seinen ruhigen, unveränderten Gang — dank jenen ausgezeichneten Vorsichtsmassregeln — fortging. Ich gebe natürlich das hier Gesagte unter ausdrücklichem Vorbehalt. — *rêšêtêša*; vgl. oben zu Z. 3. In der Bed. „Erstlinge" findet sich das Wort Sanh. I 61: *suluppu rê-šê-tê-šu*, wo das Suffix, wie es scheint, auf das collectiv zu fassende *suluppu* zurückgeht: „Datteln, ihr Erstes" == Frühdatteln. — *sunḳi*, St. צוק „einengen" und *hušâhu*, St. חסה „bedürftig sein, verlangen", zwei ausserordentlich häufig vorkommende Wörter; für ersteres vgl. noch I R 27, 94. V R 8, 35—38; für letzteres IV R 45, 42 V R 7, 33. 11, 42 f. Wie hier, finden sich auch sonst beide Wörter zusammen, so z. B. Tig. VIII 85. — *habâl*, Op. zabal „pascuo". — *karani* (*karâni*) für das Ideogramm siehe Sᵇ 154. — *akû*. Die Stelle Sanh. I 5, wo sich der assyrische König *âhik tap-pu-ut*(sic!) *a-ki-i* „einen der den *akû*'s zu Hilfe kommt", nennt, legt für *akû* eine Bed. wie „schwach, hülflos" nahe. — *rig-li*. Vgl. Schrader in den Sitzungsherr. der Acad. der Wiss. zu Berlin, 5. Mai, 1881, S. 418 ff. — *ba-aš-ta*, oder *ba-til-ta*. Da ein Wort *bâšu* etwa in der Bed. „schlecht, böse", wovon *bâšta* Acc. des Fem. wäre, meines Wissens noch nicht belegt ist, so scheint es mir jetzt sicherer, *ba-til-ta* zu lesen und als Part. von *batâlu* (hebr. בטל) „aufhören, abgeschafft werden" zu fassen.

Die Lesung dieses Wortes wie des vorhergehenden *rig-li* ist übrigens wenig sicher, da die Originalzeichen des Cylinders sehr verwischt sind. — *rašê*, Inf. I I von *rašâ*, welches gemäss Neb. Bab. II, 31 ein Syn. von *išâ* „sein, haben" ist. Statt *ar-li* ist gewiss *ar-šê-ê* zu lesen, wie schon Hincks (siehe Norris, *Dictionary* p. 3) richtig coput hat. Part. I I *ra-aš*, z. B. Sams. I 21: *ra-aš ê-mu-ki*.

41. Oppert übersetzt: „Tunc (tuit) impositus labor hominum evellentium herbas malas in terra mea non verum pretium reddente, et lolia, una cum deo Serah in opere isto". *aššu*, höchst wahrsch. durch Assimilation aus *anšu*, *ana-šu* entstanden, wie es denn als Präposition mit *ana* gleichbedeutend ist und mit ihm geradezu wechselt, siehe Khors. 118—120. Als Conjunction bed. es sowohl „da, weil" als „damit" vgl. V R 9, 72. 10, 59. 75. Asarh. II 36. 48. — *šamni (šamnê)* Pl. von *šamnu*, St. estr. *šaman* IV R. 26, 47. 48 b. — *balti*. Bei meiner Übersetzung „Leben (?)" dachte ich an ungenaue Schreibweise für *balti*, wie sich z. B. V R 34 col. II 46. 47 *u-ša-ti-ru*, *aš-tu-ur* für *ušatiru*, *aštur* geschrieben finden, ja gerade für unser Verbum *balâtu* „leben" schien eine solche ungenaue Schreibweise auch sonst nachweisbar, nämlich V R 28, 59 g. h. 60 e. f. Jene Annahme ist mir indess seitdem noch fraglicher geworden; es scheint mir jetzt umgekehrt in dem eben angeführten Vocabular *balâtu* mit *t* das Richtige, *balâṭu* mit *ṭ* ungenaue Schreibweise zu sein. Ein Subst. *baltu* in einer Bed. wie „strotzende Fülle, ausnehmende Pracht" scheint an Stellen wie Sanh. Kuj. 4, 7. Neb. IX 33 festzustehen; das Syn. von *balâtu* aber, *ša-da(ta)-pu*, erklärt sich leicht durch hebr. שדף, und die unmittelbar folgende Gleichung *šûṭu == ḫêgallum* „Überfluss" ist dieser Fassung nur günstig. Ist etwa mit *balti amêlûti* das Öl als herrlichster, alles andere an Werth überragender Schatz der Menschen bezeichnet? — *bu'ânu*, Pl. des Wortes *bu'ânu*, dessen Bed. „Geschwür" (St. בוא) als ziemlich ausgemacht gelten darf; siehe Lenormant in TSBA. VI 144 ff. Das Wort, dem als Ideogramm *sa* entspricht, findet sich oft in den sumerisch-assyrischen Beschwörungsformeln. Eine andere, sichere Bed. des nämlichen Ideogramms ist *dâmu* „Blut"; hiefür vor allem das freilich unveröffentlichte Vocabular K. 264. — *šamaššammê*, vgl. talm. שמשמא, arab. *simsim*; siehe hierzu Delitzsch, Assyr. Studien S. 81. Bemerkenswerth ist, dass diese Pflanze, „aus deren Samenkörnern ein in Syrien, Palästina und Aegypten auch zur Bereitung der Speisen dienendes Öl gepresst wird", ideographisch als „Ölpflanze", noch genauer „Ölbaum" (*giš-ni*) bezeichnet wird; so an unserer Stelle sowie II R 5, 32 c. d. 52, 66 c. d. Sanh. Bav. 23 — hier überall obendrein mit dem Determinativ *šê* „Getreide". — *nirba*, phonetisch geschrieben IV R 16, 27—30 a: *ni-ir-ba*. Das Ideogramm besteht aus drei Theilen: *an* bez. *dingir*, *šê* „Getreide" und jenem aus *šê* und *ir* zusammengesetzten Zeichen, für dessen richtige Aussprache *êlt'g* Delitzsch, Lesestücke S. 59 Anm. 17 zu vergleichen ist. Dieses *êlt'g*, welches alleinstehend assyr. *uḫdu* bedeutet (z. B. IV R 26, 36,37 b) und, mit dem Determinativ *u* (*šam*) versehen, das Ideogramm für den „Raben" assyr. *aribu* bildet (siehe IV R 30, 57 58 b und vgl. III R 52 No. 2), bezeichnete mit vorgefügtem Determ. *šê* eine Getreideart. Dieser Getreidename diente dann, mit dem Determ. *dingir* d. i. „Gott" versehen, zur schriftlichen Bezeichnung jener etwa der Demeter-Ceres entsprechenden Gottheit, welche dem Getreide Wachsthum und Gedeihen verleiht. Endlich wurde diese Bezeichnung der Getreidegottheit auf das Getreide selbst zurückgetragen. So wenigstens denke ich mir die Entwickelungsgang. Für die Verwendung obigen Ideogramms als Gottesnamen siehe II R 36, 17 e: *ša Nabû u Nirba*[1] *uballiṭûšâma*. 59, 24. 25 a. b. IV R 8, 4—7 a. Für seine Bedeutung „Korn" siehe V R 1, 48, wo unser Ideogramm in Parallelismus mit jenem Ideogramm steht, welches V R 27,57 g.h durch *di-šu* „Kraut" hebr. דשא erklärt ist, ferner I R 70 col. IV 12. IV R 23, 14 a. Asurb. Sm. 100, 19, wonach Asurbanipal während einer Hungersnoth das elamitische Volk mit *nirba balâṭ napišti nišê* versorgte. — *maḫiri*. Zu dieser Lesung des Ideogramms *ki-lam* siehe II R 13, 27 c. d, für die Wichtigkeit des Wortes für das etymologische Verständniss des hebr. מחיר siehe Friedrich Delitzsch in *Athenaeum* vom 9. Juni 1883. Ein Synonym ist *šîmu*. V R 9, 52 bietet das Verbum *maḫâru* in der Form I 3 mit der Bed. „für sich in Empfang nehmen" d. i. geradezu „kaufen". — *šâmi*, Inf. I 1 von *šâmu* שום(שאם), Präs. *išâmu* V R 9, 49. Das Wort für „Preis" *šîmu* (siehe unten Z. 42) kommt selbstverständlich von eben diesem Stamm.

42. Oppert übersetzt: „Perquisitionem perfeci thesauri qui gloriosum opus dei et regis, animantium, omnis pretii necessarii ad superficiem ejus renovandam". Ich bemerke ausdrücklich, dass Opperts Text-

---

1) II R liest falsch *ḫi šarru* anstatt *šê êltêg*.

lesung eine von der meinigen etwas abweichende ist. — *naptani*. Vgl. IV R 7, 1 b: „die Zwiebel (*šúmu*) kommt nicht mehr *ana nap-tan ili u šarri* auf die Tafel des Gottes oder des Königs". Das Verbum *patánu* II R 36, 61—63 g. h bed. „versuchen, kosten", und wird gemäss eben dieser Stelle sowohl vom Kosten der Speisen und geradezu vom Essen (assyr. *akálu*) als vom Versuchen von Menschen gebraucht. — *paššári*, Lehnwort aus *banšur* Sb 269. IV R 13, 56—57 a. II R 46, 42 c. f. Nebukadnezar (Neb. Grot. II 34 f.) vergrösserte die *paššáru*, will sagen die Mahlzeit der Götter. — *báté* sowie *nunáté* müssen noch unerklärt bleiben. Beide Wörter scheinen Femininformen des Plural zu sein. Für *unnáté* (Sing. *unnut*) verweise ich fragend auf II R 7, 22 g. h. — *ga-ni* dürfte nach dem Zusammenhange am besten mit *ginú* Pl. *giné* „festgesetzte Gabe, Opfergabe" Neb. Grot. II 36. 39 zu combiniren sein. — *šázuzi*, Inf. III 1 von *nazázu*, siehe oben zu Z. 36. — *i-ta-té-ê*, Plur. von *ittu* oder *i-ti-a-tu* (II R 30 No. 4 Rev. 11) „Seite, Grenze", wie hier, auch V R 10, 105 geschrieben; St. estr. *i-ta-a-at* V R 34 col. II 13.

43. Diese Zeile, mit welcher das Einschiebsel Z. 34—43 abschliesst, passt offenbar nicht in diesen Zusammenhang; indess scheint es mir schwer den Grund der Textverwirrung zu erklären, die Nachbarschaft von Z. 49 trägt wahrscheinlich mit einen Theil der Schuld. Der Bericht von der Gründung und Erbauung der Sargonsstadt beginnt recht eigentlich mit Z. 44. Wie aus III Botta 15, 21—27 ersichtlich, liess Sargon diese seine neue Residenzstadt durch Kriegsgefangene bauen: *ina babúláté nákiré kišátti kitéa* .... *ála épus*. — *áru* hebr. אֵ×, syn. *ímu* ×؟ und *immu* (syr. *imámu*) II R 25, 23—24 a. h. — *akpud*, Impf. I 1 von *kapádu*, V R 1, 120 u. ö. in Parallelismus mit *dabábu* „planen, heimlich sinnen". Vgl. auch zu *étpéšu* oben Z. 34. — *simak* (*simák*); vgl. aram. ×ָ؟ָ؟، ×ָ؟ָ؟ „Lagerstätte". — *dánu*, hier wie unendlich oft ideographisch geschrieben, von ×؟×؟ „richten, entscheiden", woher *dánu* „Gericht" V R 24, 26 a. b.

44. *namba'é*, aus und statt *nam-ba-'é*, hebr. ×؟؟؟، wie *imbú'inni* aus *inbú'inni* Z. 50 und *ambí* aus *anbí* Z. 65. — *dimté* „Pfeiler", Pl. *dimáti* Sanh. III 3, syn. *asítu* Asurn. I 89. II 19. — *nadú*, Perm. I 1 von ×؟×.

45. *ša*, welches Oppert Dour-Sark. durch „nam" übersetzt und Recc. XI 19 gar nicht berücksichtigt, kann nur als Relativ aufgefasst werden. Dass das *a* des assyrischen Relativpronomens urspr. lang, *šá* also nichts weiter als Acc. von *šú* „er, der" ist, wird V R 21, 40 h. 27, 45 b ausdrücklich bezeugt. Im Zusammenhang der Rede wurde *ša* aber offenbar stets geschärft gesprochen, eine Variante *ša-a*, wie *la-a* „nicht" zahllose Mal mit *la* wechselt, ist für das Relativpronomen bis jetzt nicht gefunden. — *élamú* „vor" sowohl räumlich, z. B. III R 15 col. I 18, als zeitlich, z. B. V R 4, 127. — *bélút Aššúr épušú*. Vgl. *šarrúta Aššúr épéš* V R 1, 21. — *iltanáparú* für *ištanápará*, Impf. I 3 von *šapáru* „senden", dann „regieren". Die gleiche Bedeutungsnüance weist *ma'áru* II 1 auf. Op.: „had embellished".

46. *umašši*, Impf. II 1 von *mašú*, Inf. *mušší* Sanh. Bav. 54. Vgl. aram. ×ָ؟ָ؟، ×ָ؟ „betasten". — *idí*, 3. Pers. Impf. I 1 von ×؟×؟; die Parallelstelle Stierinschr. 46 bietet *il-ma-du*, ×؟؟. Ebenso lautet auch die I. Pers., V R 31, 11 d. 47. 60 f. Einen sehr interessanten Gebrauch des Verbums *idá* bietet V R 2, 123: *šarru ša ilu i-du-šu at-ta* „der König, den Gott ersehen hat, bist Ilu". — *hiré*, Inf. I 1 von ×؟×، Impf. I 1 *ihrú* I R 28 col. II 20, Impf. III 1 *ušahrú* Nerigl. II 6. Daher *hirítu* „Canal" Neb. Grot. II 7. — *nári*, Gen. von *náru* „Strom", Plur. *naráti*, hebr. ×؟؟. Zur Lesung des Ideogramms siehe IV R 11, 23/24 b u. a. St. m.

47. Oppert übersetzt Z. 47, 48: „in nuptiis meis fecundis, quibus cum ope (Salmani) dei abundantiae, domini mysteriorum (erit) exauditio fertilitatis et expletio sponsalium, et (in) deliciis aurium mearum fecundis, quae" etc. Die beiden Zeilen lauten IV Botta 164, 13 f.: *i-na mé-ri-ši-ja rapši ú hi-is-sa-at uzni-ja pal-ka-a-ti ša ilu Êa ilu Bé-lit iláni éli šarráni ábé-ja u-ša-té-ru ša-sis- si*. Die kürzere Fassung dieser Parallelstelle erleichtert das Verständniss unserer längeren Zeilen 47 und 48. — *mériš'a*. Die Bed. „Begabung" ergiebt sich für das Wort *mérišu* sowohl aus dem Zusammenhang als auch aus dem Parallelismus Sanh. Kuj. 4, 22: *ina mé-lik lémé'a u mé-riš kabattu'a*. Vgl. hebr. ×؟؟؟ Hiob 17, 11. Ein anderes *mérišu* „Anpflanzung"(?) siehe Sanh. Bav. 23 und III R 50 No. 2, 9. No. 3, 21; vgl. arab. *magrisun*? — *Šar apsé*, oft wiederkehrender Titel Ea's, II R 55, 24 c. d. — *malú*, Perm. I 1 von ×؟×. — *nikláté*, Pl. von *nikiltu*, wie *libnáté* von *libittu*; vgl. hebr. ×؟؟. Das Verbum ×؟؟ ist sowohl im Kal (z. B. Asurb. Sm. 43, 43) als im Piel (Sanh. Kuj. 4, 22) belegt.

48. *Nin-mén(t)-ana.* Welche Göttin mit diesem Ideogramm gemeint ist, lehrt in dankenswerther Weise die zu Z. 47 angeführte Parallelstelle der Botta'schen Sargontexte — es ist die Göttin *Bêlit ilâni* „die Herrin der Götter", die Göttin Beltis. *Nin* „Herr" oder „Herrin" ist bekannt; *mén* „Krone" assyr. *agû* siehe II R 20, 41 d. IV R 9, 13 14 a; dass *na* mit *an* „Himmel" zusammenzuschliessen ist, ist das Nächstliegende; wenn in einem Cylinder das *an* fehlt, so ist dies wohl nur ein Versehen des Schreibers, man müsste denn schon das einfache *na* in der II R 50, 18 c. d bezeugten Bed. „Himmel" fassen. Die Bed. „Herrin der Himmelskrone" wird dadurch nicht alterirt.

49. *paramahê (paramâhê)*, Lehnwort aus nichtsemit. *bara* = assyr. *parakku* (S^h 355) und *mag'* „gross, erhaben"; vgl. das analoge Lehnwort *kisalmahû* = nichtsemit. *kisal-mag'ê* IV R 13, 11 12 b. — *adnân*, syn. *šubtu*; zum St. ◻◻◻ siehe jetzt Friedrich Delitzsch im *Athenaeum* vom 21. Juli 1883. — *uskir*, Impf. I 1 von ◻◻◻. Die Bed. „sprechen" für den Stamm *sakâru* steht durch Asurn. I 5 *sikir šaptišu* „Wort, Befehl seiner Lippe" fest. Die Redensart Tig. I 31. 44 u. ö. *ina sikir* bed. hiernach „auf den Befehl des und des Gottes". Für die nahe Verwandtschaft der Bedd. „sprechen" und „denken" vgl. unter anderm hebr. ◻◻◻.

50. *kêttê*, für *kênte*, Fem. von *kênu* „recht, gerecht" mit abstracter Bed., St. ◻◻◻; wie hier, so häufig in Verbindung mit *mîšaru*, z. B. Sanh. I 4. V R 35, 14. — *mîsari*, hebr. ◻◻◻, St. ◻◻◻. Adj. *išaru* V R 35, 12. Imp. III 1 *šutêšir* IV R 13, 33 b, Impf. III 1 *uštêšir* IV R 17, 46 a. Beachte die interessante Form *tultêšira* „du lenkst, regierst" IV R 67, 12 b.

51. *duppâtê*, Pl. von *duppu*; auch *duppâni* II R 42, 57 e. — *šaimânâtê*, Abstractbildung auf *ût* vom Adj. *šaimânu*, welch letzteres eine Bildung ist wie *ka-a-a-ma-nu* „beständig, dauernd" III R 4 No. 4, 38 (so nannten bekanntlich die Babylonier-Assyrer auch den Planeten Saturn: *kaimânu*, gesprochen *kaivânu* II R 32, 25 e. f, hebr. ◻◻◻ Am. 5, 26. Der Stamm ist ◻◻◻, nicht ◻◻◻).

52. Oppert übersetzt: „postea utensilia non usu consumpta, quae pretium agri sine valore, agri venalis agri siti in facie eorum, in compensationem dedi illis". *riggâtê*; vgl. zu dem assyr. St. *ragâgu* „böse sein" Delitzsch in Lotz, Tig. S. 86. — *šubši*, Inf. III 1 von *bašû* „sein". — *gibû*, Perm. I 1 von ◻◻◻ „geneigt sein, wollen", wovon das Subst. *têṣbitu* „Wunsch". — *ašar*, hier wie auch sonst mit klarer relativischer Anwendung, entsprechend dem hebr. ◻◻◻. *šaknu* Perm. I 1 von *šakânu*; vgl. Asurb. Sm. 124, 60: *ašar pa-nu-ki šaknû têbâku anâku* „wohin dein Antlitz gerichtet ist, werde ich gehen". Das Wort *pânu* scheint vorzugsweise, ganz wie das hebr. ◻◻◻, im Pl. gebraucht worden zu sein, siehe z. B. IV R 67, 62 b. Vgl. freilich auch Asurb. Sm. 125, 69.

53. *alkat*, St. cstr. von *alaktu* „Gang, Fortgang". So lese ich die beiden Zeichen *al-ši* im Hinblick auf Stellen wie Delitzsch, Lesestücke 81, 21 (*al-kat-su*). S0, 3. S1, 7 (*al-kat-su-nu*). Op.: *al-šu* „pro gaudio". — *mêhrit*, 1) „vor, gegenüber" Asurb. Sm. 39, 16 (*išdûm mêhrit ummânia* „er stellte sich meinem Heer gegenüber in Schlachtordnung."); 2) „in Gegenwart von, vor, coram", Asurb. Sm. 144, 6; 3) „gegen, contra" Asurb. Sm. 210, 79. Sämmtliche Bedd. gehen auf den Grundbegriff von *mahâru* „vorn sein" zurück. Auch an unserer Stelle dürfte statt „vorher" besser nur „vor" zu übersetzen sein. Das nähere Verständniss des Wortes *mêhrit* wie überhaupt der ganzen Stelle hängt ab von der Erklärung des zur Zeit noch völlig räthselhaften Wortes *ukšat* (Nomen oder Verbum?). — *Danku*; vgl. zu dieser Lesung des aus „Auge" (*ši, igi*) und „hell" (*lug'*) zusammengesetzten bekannten Ideogramms V R 27, 49 g. h. — *Sarru-ilu*. Dass unter dieser Gottheit niemand anders als der mit göttlichen Ehren ausgezeichnete König Izdubar (Nimrod?) zu verstehen ist, vermuthet scharfsinnig Friedrich Delitzsch, gestützt vor allem auf das unveröffentlichte Täfelchen Sm. 1371, wo Izdubar als Gott und König und Richter der Menschheit hinieden, welchem Samas selbst Scepter und Entscheidung übergeben, angerufen wird. Es würde hierzu vortrefflich passen, dass die bekannten im Louvre befindlichen riesenhaften Izdubarstatuen eben aus Sargon's Palast in Khorsabad stammen. Ob das *ra* am Ende gar ein phonetisches Complement des Namens *Izdubar* ist? — *dâ'inâtê*, Apposition zu den vorhergehenden Götternamen. Die anderen Cylinder lesen den Sing. *dâinu*. — *talimâni*, Pl. von *talimu*; vgl. zu *ušatlimu* oben Z. 3. — *ušakki*. Diese meine Lesung mit *k* und meine dem entsprechende Übersetzung „ich liess opfern" fasst das Verbum als Schafel von *nakû*. Doch ist die Richtigkeit dieser Deutung aus mancherlei Gründen bedenklich. Es könnte *u-šak-ki* ebensogut Piel eines

St. שׁפל oder שׁפא sein und etwas wie „sich demüthigen, niederfallen" bedeuten, so dass zu übersetzen wäre: „vor den beiden Göttern warf ich in Inbrunst mich nieder"; das Parallelglied „ich hob auf meine Hände" würde hierzu gut passen.

54. *aḫrátaš* (so liess statt *aḫrátan*), von *aḫrátu*, St. אחר „hinten sein", II R 35, 11 b *aḫ-ra-a-tu* geschrieben. Das Wort deckt sich offenbar auch seiner Form nach mit seinem Synonym *ar-ka-tu*, geschrieben *ar-ka-a-tú* Z. 66 unserer Cylinderinschrift. Die nächstliegende Lesung *aḫrátaš* anstatt *aḫrátan* ist im Hinblick auf V R 34 col. II 48 *aḫ-ra-ta-aš* beizubehalten. Dass übrigens das Zeichen *ur* (*taš*) auch den Lautwerth *tan* hatte, geht aus Silber- und Antimoninschr. 4 (*ši-ta-an*), Goldinschr. 5 (*ši-tan*) im Vergleich mit Khors. 166. 1 R 7 F. 9 u. a. St. m. klar hervor. Anstatt *aḫrátaš ûmê* findet sich oft *aḫrát ûmê*. — *bu'âri*, „Heiterkeit", Stamm viell. בצר, woher chald. אבצרא; vgl. sonst noch zu dem Worte Khors. 194. III R 16, 50 b. E. M. II 334, 4. — *érêbi*, Inf. I 1 von *êrêbu*. Op.: „vesperas". — *zuk*, sicher St. estr. jenes Wortes *zukku*, welches als Syn. von *parakku* II R 35, 14 d. b erscheint. Gemäss Khors. 156 f. errichtete Sargon in seiner neugegründeten Stadt *zuk-ku naklûtê* „kunstreiche Heiligthümer" als Wohnungen der Götter. — *dimgal-kaláma*. Dim ist die nichtsemitische Aussprache des Ideogrammes, welches Sᶜ 279 durch assyr. *banû* „bauen" erklärt wird. *Dim-gal* könnte hiernach, wie auch meine Übersetzung das Wort fasst, „grossen Baumeister" bedeuten; Sanh. VI 45 f. lehrt in der That, dass *dimgallê* der Name einer bestimmten Klasse von Arbeitern oder Künstlern, insonderheit wohl der Baumeister war. Trotzdem muss, wie sich mir nachträglich herausgestellt hat, das *dimgal-kaláma* unserer Stelle anders verstanden werden. Das Wort ist einfach, wie IV R 59, 44 b lehrt, als Tempelname zu verstehen, entsprechend etwa einem assyrischen *markasu rubû ša mâti* oder *iršiti* (vgl. zu *kaláma* Sb 247). — *Ša-uš(nitt)-ka*, ein mir sonst unbekanntes Götterideogramm. — *rášibat*, Part. I 1 von רשב. Die Bed. dieses Stammes erhellt aus dem Synonymenverzeichniss II R 31 No. 3, 60 (vgl. Lotz, Tig. S. 90), wo als Syn. von *ra-aš-bu* ebenjenes *mi-it(?)-ru* aufgeführt wird, welches nach einer Mittheilung Friedrich Delitzsch's auf einem unveröffentlichten Fragmente durch *dannu* „mächtig" erklärt wird. Vgl. ferner die Gleichung II R 35, 17 c. f: *rašûbu* == *šarḫu* (zu dem letzteren Worte siehe oben Z. 31). Vgl. weiter Redensarten wie *rašûbat kakkê*, *rašûbat bêlûti* Sanh. II 42. III R 6. Rev. 51.

55. *ulûni*; so dürfte doch besser anstatt *uṭíbáni* zu lesen sein, doch wage ich eine bestimmte Erklärung noch nicht. Die Form ist gewiss ein Impf. I 1 und viell. von einem St. אלה (vgl. hebr. אלה?) herzuleiten. Eine Bed. wie „annehmen, freundlich aufnehmen" würde gut in den Zusammenhang passen. *kí* fasse ich noch immer als abhängig von *iṭíb*. Oppert, der „ascendisset" übersetzt, scheint an טלה zu denken. — *iṭíb*, Impf. I 1 von טוב (טיב) „gut sein", in der Bed. „gefallen" ebenso wie im Hebr. mit der Präp. *êli*, על verbunden; vgl. z. B. noch Tig. VII 53: *êli ilâni rabûti itêbû* „sie (die Werke und Opfergaben des Königs) gefielen wohl den grossen Göttern".

56. *nannûšun*. Eine Bed. wie „Wort" verlangt für dieses mir sonst unbekannte *nannû* (*nánú*) wohl der Zusammenhang. Das Verbum *takâlu* „stark sein", dann „in jem. oder in etwas stark sein" == „auf jem. oder etw. sich verlassen, vertrauen" (Form I 1 und IV 1) wird der Regel nach mit den Präpositionen *ana* oder *êli* construirt, doch findet es sich auch mit dem blossen Accusativ; so z. B. in dem Eigennamen *Ašûr-natkil* „auf Assur vertraue" Cᵃ 41. Übrigens dürfte an dem Fehlen einer Präposition um so weniger Anstoss zu nehmen sein, als *nannûšun* am besten gemäss der zu *álûšu* oben Z. 32 gemachten Bemerkung verstanden wird. — *mušpêlu*. Eben diesem Worte begegnen wir IV R 16, 8 a, wo ihm in dem nichtsemitischen Texte das Wort *bal-ê* entspricht, welches in der vorausgehenden Zeilen 2 und 4 durch Formen der Stämme שֹׁני und שֹׁני wiedergegeben wird. Die Bed. dieses *bal* ist also etwa „hinfällig machen, beugen, verrücken" ein Gebot u. ä. Vgl. auch Asurn. I 9. Die Stelle Neb. Bab. II 30 bietet in ganz analogem Zusammenhang die Form *šu-pi-(bi)-ê-lu*. Ein anderes abgeleitetes Nomen des Stammes *šapâlu* ist *mušpalu* „Tiefe" opp. *mûlû* „Höhe" II R 29, 66 f. a. b. Asurn. III 136. — *adkê*, Impf. I 1 von *dakû*, „aufbieten, entbieten, versammeln", dem gewöhnlichen Wort für das Aufgebot der Heeresmacht oder überhaupt grösserer Menschenmassen zum Kriege, zum Frohndienst bei Bauten u. s. f. — *allu*, in der Regel mit dem Determinativ für „Holz", z. B. I R 50 col. IV 5. Asarh. V 2, auch als Schmucksache verwendet, siehe z. B. V R 2, 10, wo der Zusammenhang, in Verbindung mit der Etymologie (der Stamm ist

wohl *alâlu* „binden"), auf eine „Kette" schliessen lässt. *Allu* sowohl wie *maŝikku* Syn. *kudûru* waren Symbole der Frohnarbeit, siehe schon oben zu Z. 5.

57. *ŝitan*, Bildung auf *an* von dem Nomen *ŝitu* (תישׁ) „Ausgang, Anfang", St. כאי. — *bin* St. estr. von *binu* „Sohn". Das Wort ist, von unserer Stelle abgesehen, bislang nur in dem Namen des „Enkels" *binbini* „Sohnessohn" nachgewiesen (wie es sich mit dem Eigennamen III R 49, 32 a verhält, bleibe dahingestellt). — Sämmtliche fünf Titel beziehen sich auf den Gott Sin. Als Gott des Backsteinmonats wird Sin sonst auch Sohn des Bel genannt, z. B. V R S, 96 f., hier erscheint er als Sohn des *Darâ-gala* (zur Lesung *dara* = assyr. *turâḫu* „Steinbock" siehe Sᵇ 377. II R 6, 10 c. d). Dass mit diesem Namen der Gott Ea gemeint ist, scheinen Stellen wie II R 55, 27—30 c. d. IV R 25, 40'41 a zu lehren, wo gerade Ea *Dara, Dara-mma* (gleichbedeutend mit *Dara-gala*) u. ä. genannt wird. Freilich könnte am Ende auch dem Gott Bel eben dieses Attribut eignen. — *pâris purâsê*, sehr häufiges Attribut verschiedener Götter, so des Feuergottes Gibil IV R 15, 12 a, und des Mondgottes Sin wie hier, so auch sonst, z. B. IV R 9, 48 a. Für die mannichfachen Bedd. des assyr. Verbums *parâsu* hebr. סרפ ist obenan das Vocabular II R 28, 65 d. e zu vergleichen. — *muŝaklim*, Part. III 1 jenes Verbums *kalâmu*, welches in der Form II 1 und in dieser mit der sicheren Bed. „jem. etw. sehen lassen" z. B. Khors. 135 vorliegt: *u-kal-lim-ŝu-nu-ti nûru* „ich liess sie (nämlich die im Kerker Schmachtenden) das Licht schauen". Siehe auch V R 6, 73. — *ṣa-ad-dê*, Pl. von *ṣaddu* „Schlinge, Fallstrick", St. דדצ. Die Erklärung dieses seltenen und schwierigen Wortes nebst den daran geknüpften Bemerkungen betreffs der Stelle Jud. 2, 3 verdanke ich einer mündlichen Mittheilung Friedrich Delitzsch's. Das Wort ist, wie mir scheint, einer der schönsten Beweise dafür, wie wichtig das assyrische Lexikon für das hebräische ist, speciell dafür, wie es dem hebräischen Sprachschatz Wörter rettet, die man bereits durch Emendation zu beseitigen suchte. Die Bed. „Fallstrick" gründet sich auf die alles ins Licht setzende Stelle IV R 26, 21—26 a: *ṣa-ad-du ina pa-at kiŝ-ti ri-tu-u, ŝê-ê-tu ŝu-par-ru-ur-tu* (bez. *sa-pa-ru*) *ŝa ana tam-tim tar-ṣu i-ta-an-ni ŝa nu-nu ul uṣ-ṣu-u* d. h. „eine Falle aufgestellt am Saume des Waldes, ein ausgebreitetes Netz ausgespannt hin durch das Meer, ein Netz (?), das keinen Fisch entweichen lässt". Das hebr. םידצ Jud. 2, 3 ist augenscheinlich Plural eben dieses Wortes *ṣaddu*, wofür der schöne Parallelismus mit םיצקל voll und ganz bürgt: „sie (die Kanaaniter) sollen euch zu Schlingen werden, und ihre Götter sollen euch zum Fallstrick werden". Wie unbefriedigend erscheint hingegen der auch in der neunten Auflage von Gesenius' Wörterbuch befürwortete Erklärungsversuch Bachmann's „sie werden für euch zu Seiten sein", d. h. „allseits beengende, lästige Nachbarn!" — *Nannar*. Zu dieser Lesung des Ideogramms siehe IV R 9, 3—18 a. *Nannar* sowohl wie *Nannir* ist ein sehr häufiger Beiname des Mondgottes, siehe z. B. V R 33 col. VIII 3 und Asurb. Sm. 126, 78 (*na-an-nir ŝamê u irṣitim* „das Licht Himmels und der Erde"). — *ḳarrad* (*ḳarrâdi*) *ilâni* „Krieger der Götter". In dieser Eigenschaft erscheint Sin z. B. in der Legende von den sieben bösen Geistern IV R 5.

59. *ab-ab*. Bed. noch unermittelt. Der 4. S. und 17. Tag des Monats Elul findet sich so bezeichnet IV R 32, 16. 30 a 31 b. Diese drei Tage haben alle den Beisatz *ŝa Nabû* d. h. Tage des Gottes Nebo. — *mâr Bêl*. Nebo ist sonst in der assyr. Literatur der Sohn Marduks, wie überhaupt Marduk und Bel in der späteren Zeit nicht streng auseinandergehalten werden (vgl. meinen Artikel über den vermeintlichen Gott El in *The Proceedings of the American Oriental Society*, Mai 1883, S. 18 ff.) Von den andern drei Appositionen Nebo's, nämlich *ŝigalli palkê*, *dupŝar gimri* und *muma'ir kullat ilâni*, bedarf nur *ŝigalli* einer kurzen Besprechung. Da das Ideogramm *ŝi* oder „Antlitz" (assyr. *pânu*), das „Auge" (*înu*), dann überhaupt alles „was vorn ist" (*maḫru*), das Ideogramm *ig* oder, wie im Nichtsemitischen zu sprechen ist, *gal* aber unter anderm „sein" (assyr. *baŝú*) bedeutet, so kann *ŝi-gal* in das Assyrische übergegangen als *ŝigallu*, sehr wohl den an der Spitze sich Befindenden, den „Führer" bedeuten. So fasst das Wort meine Übersetzung. Gleich möglich, ja vielleicht sogar besser, könnte *ŝi-gal*, welches auch I R 35 No. 2, 1 als ein Epitheton Nebo's, anderwärts, wie z. B. Neb. IX 47, als ein solches Marduk's sich findet, als „augenerhebend, schauend" oder „offenäugig, klarsehend, weitblickend" gefasst werden, dies auf Grund von Stellen wie II R 26, 60 c. d oder IV R 28, 28 a, an welch letzterer *ŝi-gal* durch assyr. *birît uzni* „klaren Sinnes oder Verstandes" (vgl. IV R 14 No. 3, 10) übersetzt wird und unmittelbar die Worte folgen: „du weisst das Gute, du weisst das Schlechte". Das Adj. *palkê* „weit" würde zu dieser Fassung sich gut fügen,

wie überhaupt das Attribut umfassender Weitsichtigkeit dem „allwissenden" Gott Nebo (siehe I R 35 No. 2, 3), dem Erfinder der Schreibkunst, besser als irgend einem andern Gott beigelegt werden konnte.

60. *uššê*, dieses Wort für „Fundament" findet sich, genau wie das hibl. aram. אֻשַּׁיָּא, nur im Plural, vgl. z. B. Tig. VII 69. Der Grund- oder Eckstein eines solchen Fundaments, welcher, wie noch heutzutage, auch schon bei den Babyloniern und Assyrern wichtige Urkunden aus der Gründungszeit zu bergen und der Zukunft zu überliefern bestimmt war, hiess *têmênu*. Dagegen bed. *tamlû* (von מלא) die aufgeschüttete künstliche Terrasse; siehe z. B. V R 10, 81 f: *šir tamlê šâatû uššêšu addî* „auf jener Terrasse legte ich seinen (des Harems) Grund". — *Dim-dim-gal-lum*; siehe hierfür oben zu Z. 54 *dimgal-kalâma*. Näheres über diesen Gott ist nicht bekannt. — *nikû*, „Opferlamm" und dann allgemein „Opfer". Zur Lesung siehe Sb 158. „Ich opferte" heisst sowohl *akkî*, wie hier, als *attakî*, so Sintfluth III 45. Das gewöhnliche Ideogramm ist *bal*. — *attašî*, Impf. I 2 von *našû* „aufheben". — *niš kâti*. Die „Händeerhebung", welche das dritte und letzte Glied in Sargons Anbetung bildet, findet sich auf Reliefs wiederholt dargestellt. Zur Lesung vergleiche ASKT. 127, 57 f: *šu-ga-tu*(lies: *il*)-*la-mu* == *ni-iš ka-ti-ja*. Das *ga-tu* geschriebene nichtsemitische *il, ila* bed. *našû* „erheben"; das an unsrer Stelle auf *ga-tu* folgende *lal* ist, wie oft, lediglich *la* zu lesen und reines phonetisches Complement, weshalb sein Fehlen auf einem Cylinder nicht befremdet. Das Zeichen *kan*, welches dem Anscheine nach kein wesentliches Bestandtheil des Ideogrammes bildet, weshalb es IV R 62, 46 b ganz fehlt, hat mit dem Ordinalzahlen bezeichnenden *kan* kaum etwas zu thun, doch vermag ich es sonst nicht zu erklären. Das ganze Ideogramm im Plural, darum mit dem Pluralzeichen *meš* verbunden, findet sich IV R 60, 29 a. 43 b.

61. *Ab*, der fünfte Monat des babylonisch-assyrischen Jahres, etwa unserm Juli-August entsprechend. — *a-rad*. Oh *arad* St. estr. des Inf. *arâdu* ירד „herabsteigen" ist (so fasst es offenbar Oppert) oder St. estr. des Nomens *ardu* „Knecht", wovon *ardatu* „Magd", *ardûtu* „Knechtschaft", muss leider dahingestellt bleiben. Auf keinen Fall dürfte wohl dieses „Herabsteigen" des Feuergottes mit der aus der indogermanischen Mythologie bekannten „Herabkunft" des Feuers in Zusammenhang gebracht werden. — *Gibil*, geschrieben *bil-gi* (wie *ab-zu* geschrieben *zu-ab*), ist der Feuergott. Einen Lobpreis des gütigen Gottes Gibi siehe IV R 14 No. 2 Rev. — *mušbil*, Schafel des Steigerungsstammes eines Verbums בול, welches in der Bed. „hervorbringen" in dem häufigen Nomen *bûlu* „Erzeugniss, Ertrag, progenies", vor allem von Thieren gesagt, vorliegt. Zur Form vgl. *uštîb* (von יטב), *ušmalli* (von מלא), *ušrabbi* (von רבה) u. a. m. Dass freilich der Feuergott an unserer Stelle als der, welcher die frischgrünenden Pflanzen „hervorbringe, zur Entfaltung bringe", bezeichnet sei, scheint mir wenig wahrscheinlich; es liegt vielleicht ein anderer St. בול, etwa mit der Bed. „trocken sein", vor. — *ambâtê*, wohl sicher == *ambâtê*, Fem. Pl. eines Nomens *anibtu* vom St. אנב, über dessen Grundbed. „springen" jetzt Friedrich Delitzsch in *Athenaeum* vom 28. Juli 1883 zu vergleichen ist. Das gewöhnlichste Derivatum dieses Stammes ist *inbu*, *imbu* „Frucht". Der Sing. *anibtu* ist meines Wissens bis jetzt noch nicht belegt, der Plur. *anbâtê* aber findet sich auch noch Sanh. Bav. 21: *am-ba-su* d. i. *anbâtsu* == *ambâtêšu*; leider ist der Zusammenhang dieser Stelle ziemlich dunkel, da der Text verstümmelt ist. Neckisch folgen auf *ambâsu* auch an dieser Stelle zwei Zeichen, welche als eine Ableitung von בול gefasst werden könnten (*mu-bil*). *Anibtu* hat wohl ziemlich die gleiche Bed. wie hebr. אֵב. — *ratubtê*, Gen. von *ratubtu*; zum St. רטב „befeuchten, feucht, frisch sein" vgl. oben zu Z. 36. Oppert liest *ratupte* und giebt die drei Wörter durch „expellentis nubes madidas" wieder. — Lenormant giebt in seinem Werke *Les Origines de l'Histoire*, I, 142, eine Transscription und Übersetzung der Zeilen 57—61 unseres Textes, und bringt bei dieser Gelegenheit einige durchaus unzulässige Textverbesserungen in Vorschlag. So hält er *tan* (*taš*) in dem Worte *ši-i-tan* Z. 57 für einen Schreibfehler statt *ip*; in eben dieser Zeile soll der Schreiber zwischen *purâsê* (Lenormant: *uzza*) und *ê* ein *an* aus Versehen ausgelassen haben — so gewinnt Lenormant das Wort *šamê-ê* „Himmel". Aber das *ê* ist ja ganz klar phonet. Complement zu *purâsê*, weshalb es auf dem von mir zu Grunde gelegten Texte, wie auch sonst oft (z. B. IV R 9, 48 a. 15, 12 a), geradezu fehlt. Auf den ungenauen Textausgaben seiner Vorgänger beruht Lenormants Transscription *kâši sarri* anstatt *bi-in* Z. 57 und *Neurgal ablu* anstatt *dim-dim-gal-lum* Z. 60. Das Ideogramm *ab-ab* Z. 59 transscribirt Len. *gâbi*.

62. *parakkê*. Die Bed. „Heiligthum", nicht „Altar", steht für *parakku* fest, das *parakku* wird ja bewohnt V R 6, 124. Übrigens wird dieses Wort nicht nur vom heiligsten, unzugänglichsten

Gemache des Tempels, dem Allerheiligsten, gebraucht, sondern auch von dem geweihtesten Raume der Königs-
paläste, dem Thronsaal etwa, wie wir sagen würden — *âšib parakki* ist darum eine Umschreibung für
šarru „König", z. B. Sanh. I 12. — *ra'šûté*, Part. I 1 von dem vor allem im Schafel ganz geläufigen
Verbum *rašâdu* „gründen, fest gründen"; siehe von vielen Stellen nur Neb. VII 62. VIII 61. Oppert übersetzt *parakké rašûté* „altaria ardentia", und *parakké rašbûté* Stierinschr. 57 „smoking altars" Rece. XI 20. —
ša kîma kisir géné šuršudâ. Oppert: „which are like part of the debt which we owe for the foundation" Rece. XI 20. Mit *kisir* wechselt in, wie mir scheint, ähnlichem Zusammenhange die Femininform
kisrat, z. B. Silberinschr. 35 f.: *kisrat uhummé*; IV Rotta 168, 24: *kisrat šâdé*, siehe Lotz zu Tig. V 90.
— *géné*, geschrieben *gé-éu-né*, Stierinschr. 58 aber und sonst *gé-né-é*. Das Wort scheint mir aus dem
nichtsem. *gé-na* = assyr. *kénu* entlehnt zu sein (vgl. meine Vorbemerkungen zum Namen Sargon) und würde
dann etwas was „festbestimmt" oder „festgegründet", vielleicht sogar was „ewig" ist bedeuten. Zu dieser
Erklärung stimmt Neb. Grot. II 34 ff. (siehe zu *gani* oben Z. 42) sowie Asurb. 169, 40. Vgl. noch zu
der ganzen Redensart Tig. VIII 38: *kîma šâdé kéniš lušaršidâ* „gleich einem Berge mögen sie fest (oder
ewiglich) gründen", nämlich mein Priesterthum.

63. *šin sûsi*, richtiger *šin píri*. Die Bed. des *ka-am-si* geschriebenen Ideogrammes als „Elfenbein"
ist von Lotz, Tig. S. 160 ff. richtig bewiesen; doch lautete der Name des Elefanten nicht, was Lotz gleichzeitig
zu beweisen gesucht hat, *sûsu*, sondern, wie Pinches seitdem in einem Vocabular gefunden hat, *píru*. Dasselbe bietet die Gleichung: *am-si = pi-i-ru*. Nunmehr ist klar, dass auf dem schwarzen Obelisk Salma-
nassar's II. das Wort *pi-ra-a-ti* sich auf den im Relief dargestellten Elefanten bezieht. Nach einer mündlichen Mittheilung von Friedrich Delitzsch ist auch II R 46, 1 e. f die Gleichung *ka-am-si = šu-ni pí-ri*
noch ziemlich deutlich auf dem Original zu erkennen. Meine Transcription *sûsi* ist deshalb an allen Sargon-
stellen in *píri* umzuändern. — Die in dieser Zeile vorkommenden Holznamen hat Schrader im Monatsbericht
der Kgl. Akad. der Wissenschaften zu Berlin vom 5. Mai 1881 S. 418 ff. besprochen. *ušé*, Gen. von *ušú*.
II R 45, 48 e. f (nach der Collation Friedrich Delitzsch's) bezeugt diese Aussprache des Baumideogrammes
giš dan. Vgl. auch V R 26, 19 a. b, wo eben dieses Ideogramm durch *é-šu-u* erklärt wird, ein Duplicat
aber *u-šu-u* bietet. Da das Zeichen *dan* (*kal*) „mächtig" bedeutet, so denkt Schrader a. a. O. an die Eiche
oder Terebinthe als mächtige Baumarten. — *urkarînu*. So ist gemäss dem Original von II R 45, 47 e. f
das Ideogramm *giš ku* zu lesen. Phonetisch findet sich dieser Baumname Tig. VII 17 *ur-ka-ri-na* geschrieben. Bedeutung dunkel. — *muzûkâni*, oder, was gleich möglich, *musûkâni*. Was die Schreibweise
dieses Baumnamens betrifft, so ist sie sehr mannichfaltig: vgl. Asurn. Stand. 18, 21 *mes-kan-ni*, Neb. Grot.
II 22 *mes-kan-na*, I R 49 IV 13 *mes-ma-kan-na* (nicht *mus-si-kan-na*, Schrader, so wenig wie Neb. III 11),
Stierinschr. 61 Var. *mes-ma-kan-na*, Goldinschr. 23: *mes-ma-kan*, Tig. jun. 24 Obv. u. o. *mu-suk-kan-ni*,
Antimoninschr. 15 *mu-suk-ka-ni*, Silberinschr. 20 *mu-suk-kan*. Die Bemerkung von Norris, *Dictionary* II
354: „I have registered *mu-zuk-ka-na*, but have lost the reference" ist meines Wissens noch nicht bestätigt
worden. In der Umschrift der altbabylonischen Schreibweise dieses Namens haben sich die Meisten bezüglich
des ersten Schriftzeichens geirrt, indem um, sondern *més* (*rit*, *šit*, *lak*). Diese falsche Umschrift
hat auch auf die Wiedergabe des altassyrisch geschriebenen Textes Samsi-Ramans (I R 29—31), durch neu-
assyrische Charaktere (I R 32—34) verwirrend eingewirkt: so ist z. B. I 6 *šit-ra-ḫi*, nicht *um-ra-ḫi*, I 13
šit-pu-ru, nicht *um-pu-ru*, I 17 *šit-lu-țu*, nicht *um-lu-țu* zu lesen. Dass *musûkânu* die „Palme" bedeutet, wie
schon George Smith richtig übersetzt hat, hat Schrader a. a. O. bewiesen. Auch er nimmt an, dass alle
jene verschiedenen Schreibweisen nur Variirungen Eines nichtsemitischen Urwortes sind, hält jedoch für dieses
letztere *mu-suk-kan*, *mu(s)-si(k)-kan*, und glaubt dasselbe auf die folgende Weise deuten zu können: *mu*
sei = *šamû* „Himmel" II R 59, 47 e. f; *suk̆*, *sik̆* sei so viel wie das sumerisch-akkadische Wort
„Haupt"; *ḫa* sei „die in bekannter Weise überhängende Sylbe", welche durch ein afformatives (*a*)*n* zu
ḫan ward, oder *ḫan* sei ein besonderes Bildungselement — das ganze Wort bedeute hiernach „himmel-
häuptig". Mir scheint, dass, nachdem die Lesung *mes-ma-kan-na* an Stelle des unrichtigen *mus-si-kan-na*
getreten ist, auch über die Grundbed. des Palmennamens nicht länger Zweifel sein kann. Wenigstens dürfte
der letzte Namenbestandtheil als der bekannte Landesname Makan (vgl. II R 46, 48 e. f) kaum mehr zu
verkennen sein. Da das erste Zeichen *més* in der Bed. *ētlû* „hoch" durch Sᵇ 120 gesichert ist, so würde
més-makanna die Palme einfach als den „hohen Baum des Landes Makan" (Südbabylonien) benennen. Die

10*

Semiten, welche das Wort *mismakrina* (*musrakrina*?) herübernahmen, machten sich dasselbe in der verschiedensten Weise mundgerecht. Noch sei mir, in Anschluss an diesen Palmennamen, eine kurze graphische Bemerkung verstattet, auf welche schon zu Z. 5 angespielt wurde. Ich leugne nicht, dass die Zeichen für *um* und *mis* im letzten Grunde Eins sind; dies lässt sich nicht nur graphisch erhärten, sondern folgt auch aus Vergleichung von Sᵇ 119 und II R 32, 56 d. Ich glaube aber nicht, dass die ursprüngliche Gleichheit der Zeichen die Lesung der neuassyrischen Zeichen *um* und *mis* beeinflussen darf, dass man also für das Zeichen *um* auch den Lautwerth *mis* oder gar *mus* anzunehmen berechtigt wäre. Eben deshalb scheint mir auch für das oben Z. 5 kurz besprochene Wort *um-sik-ku* die Lesung *mis-sik-ku* oder gar *mus-sik-ku* zur Zeit wenigstens unstatthaft. — *erini* (*erni* Sanh. Konst. 76), häufig *er-ini* geschrieben, z. B. Goldinschr. 24, und *sarmeni* stehen in der Bed. „Ceder" und „Cypresse" fest. — *daprani* „Wachholder", auch *duprani*, z. B. Silberinschr. 21, vgl. syr. *dafrani*. — *butni*, „Pistazie", hebr. בָּטְנָ.

64. *bit hilani* (V R 10, 102 *hi-la-ni*, III Botta 46, 69 *hi-la-a-ni* geschrieben), wahrscheinlich als Plural zu fassen, wie das gleichbedeutende *appate* Stierinschr. 67. Layard 39, 22. Oppert übersetzt „winding staircase". Die Hauptstellen, welche beweisen, dass das hettitische Wort *bit hilani* und seine beiden assyrischen Aequivalente *bit appate* und *bit muterete* einen Porticus, eine Vorhalle bezeichnen, sind V R 10, 101 f: *dimme mahhute era namru uhallibma hitti babe bit hilanisn emed* „grosse Säulen überzog ich mit glänzender Bronze und stellte ich als Einfassung(?) der Thüren seines (des Palastes) Porticus auf"; Sanh. Kuj. 4, 4: *bit mu-ter-re-te tamsil ekal Hatte mehrit babute usepis* „eine Vorhalle nach Art eines hettitischen Palastes liess ich vor den Thoren errichten"; endlich Stierinschr. 67—69: *bit appate tamsil ekal Hatte sa ma lisan mat ahare bit hilani isassusu usepisa mehrit babesin*. Die Etymologie passt zu dieser Erklärung als „Vorhalle" vortrefflich. Das Wort *appate* ist aller Wahrscheinlichkeit nach Eins mit jenem *a-pa-ti* geschriebenen Worte IV R 27, 15 b, welches durch diese Stelle als der Plural von *aptu* Sᵇ 188 gekennzeichnet ist. Das assyr. *aptu* aber bed. ganz wie das targ. talm. אַפְתָּא einen „Anbau". *Muterete* seinerseits ist gemäss II R 23, 24 d (denn dort weist das Original klar *mu*, nicht *tah* auf) ein Syn. von *tu'amate* „die Flügelthür" (vgl. hebr. דְּלָתַיִם), *bit muterete* ist hiernach das Thürenhaus, die Vorhalle. Der Name *mutertu* (wovon *muterete* Plural ist) bezeichnet die Thüre als „wehrende, den Eingang sperrende" (Part. II 1 von *taru*). Das Wort *hilani* ist, wie bereits bemerkt, hettitisch, siehe Stierinschr. 67. Die Schreibweise Tig. jun. 68: *bit hi-it-la-an-ni* möchte ich nicht für eine assyrische Umbildung des Lehnwortes, sondern einfach für einen Schreibfehler anstatt *bit hi-il-la-an-ni* halten. — *babesin*. Zur Pluralbildung des Wortes *babu* siehe zu *karatu* oben Z. 37 und vgl. Stierinschr. 74. Asarh. VI 7. Sanh. Kuj. 4, 4. Asurn. III 108. Auch andere Wörter haben sowohl männliche wie weibliche Pluralform: so bildet *tudu* „Weg" *tu-ud-de* Tig. IV 53 und *tudat* Sarg. Cyl. 11, *bitu* „Haus" *bitani* und *bitati*, *ubanu* „Spitze" (Fingerspitze sowohl wie Felsenspitze) *ubane* und *ubanati*. Das Suffix *sin* in *babesin* wie auch in *girasin* könnte sich zur Noth daraus erklären, dass der Schreiber *ekallu* collectiv, nämlich als Complex mehrerer einzelner Palastbauten fasste, wahrscheinlich jedoch schwebte ihm wirklich der Plural *ekallate* vor, welchen Stierinschr. 60—69. Gold- und Antimoninschr. in der That bieten. — *aptih*, Impf. 1 1 von *patahu*, einem Syn. von *banu* V R 21 No. 3 Rev. 56. 57 und *epesu* III Botta 12⁴, 93. — *gusure* „Balken", phonetisch geschrieben *gu-su-re* III Botta 46, 66.

65. Für die Bedeutung der Zahlenideogramme dieser Zeile siehe Friedrich Delitzsch's Artikel „Soss, Ner, Sar" in der Zeitschrift für Ägypt. Sprache, 1878, XVI S. 56 ff. — *Nibit sume'a*, wörtlich „die Nennung meines Namens". Oppert: „gloriam nominis". In der Parallelstelle Stierinschr. 80 fehlt dieser Zusatz. *Nibit sume* wird oft mit *sumu* völlig gleich gebraucht, z. B. Silberinschr. 42 f. Ebenso wohl auch Asurb. Sm. 316, 110: *denu itti nibit sume'a lidinus*, was ich übersetzen möchte: „mögen sie Rache an ihm nehmen seitens meines Namens" d. i. mögen sie, nämlich die Götter, mich an ihm rächen. — *mesehte*, auch *mesahti* Tig. jun. 69. — *eli*. Beachte die Schreibung Stierinschr. 80 Var. *i-li* liess *eli*.

66. *rese*, Pl. von *resu* „Haupt, Spitze", dann „Vorderseite", auch in der Bed. „Spitze" meist (viell. stets?) im Plur. gebraucht, siehe z. B. Neb. Bors. 1 26. — *arkatu*, Pl. von *arkatum*, St. ארך „Hintertheil, was hinten ist". Vgl. *pana u ar[ka]* Asarh. V 53. — *sile*, Pl. von *si-lu* „Seite, Rippe" hebr. צֵלָע; auch *silani* IV R 22, 23 a (zum Ideogramm siehe noch Sᵇ 106. II R 62, 62 g. h). In dem Schöpfungsfragment Delitzsch, Lesestücke 79, 9 f. steht die Phrase *ina sile kilattan* in Parallelismus mit *sumela*.

u imna „zur Linken und Rechten". Oppert übersetzt *réšé arkûtê ina silé kilalbn*: „at the extremities of each side, near the angles of the circumvallation", schlägt aber für *ina silé kilallan* auch die andere Übersetzung vor: „in the flanks of the two angle branches", siehe Recc. XI 24. — *šárê*. Zur Lesung vgl. Sᶜ 290. Die Stierinschr. spricht von 4, nicht 8 Winden. — *abullé* (*abûlé*). Zu dieser Lesung des Ideogrammes siehe V R 13, 19 a. b.

67. *Šamaš*. Passend benennt Sargon gerade eins der beiden Ostthore nach dem Sonnengott. Auch Babel hatte sein *abûli šamši*, TSBA. VII, 1880, S. 152. — *murîm*. Die Übersetzung „weit machte", welche ebensowohl in den Zusammenhang passt als lexikalisch zu rechtfertigen ist, möchte ich doch lieber aufgeben und das *murim* als Part. II 1 von □□ „hoch sein", Pi. „hoch halten, heben, tragen" (genau so wie im Hebr.) fassen und übersetzen: „der ihr (der Stadt) Überfluss bringt". Diese Bed. „tragen" ergiebt sich für den Stamm □□ aus Stellen wie V R 6, 87. IV R 18, 35 b. Vgl. auch Asurn. I 2 f: *murîm murkas šamé u iršitim*. — *ḫégallu*, bekanntes Lehnwort aus nichtsemit. *ḫé-gal*. Synn. sind *šûku* und *duḫdu* V R 1, 51. 28, 61 g. h. Die Stierinschr. (Z. 83) bietet *ḫégalli'a* mit Beziehung auf Sargon. — *šádé*. Für die Ideogramme der vier Himmelsgegenden und ihre assyrische Lesung siehe II R 29, 1—4 g. h und vgl. Delitzsch, Assyrische Studien 139 ff. In der Stelle IV R 59, 50 b folgen sie sich als Süd, Nord, Ost, West.

68. *mudiššat*, Part. II 1 von □□□ „strotzen", Pi. „strotzen machen, überfliessen machen". Beachte die sehr interessanten Parallelstellen Neb. Grot. I 28 und II 35, welche *udaššá* mit *udaḫḫid* wechseln lassen; zu diesem St. *daḫâdu*, wovon *duḫdu* „Überfluss", siehe II R 25, 36 e. f. Der St. *dašá* liegt auch vor in dem Worte *duššú* „fett, feist, strotzend" (ideographisch *šar* Sᶜ 75). Die Stierinschr. 85 schreibt *mu-di-ša-at*. Diese Parallelstelle der Stierinschr. liest Oppert: *mu-di-sa-at ḫi-iṣ-bi šik-ri* (Dour-Sark.) und übersetzt: „grinds the painting stone in his bosom"(!) Recc. XI 24. — *ḫizbi* (nicht *ḫisbi*). Dass der zweite Radical *z* ist, geht aus Vergleichung der Stellen II R 51 No. 1. Obv. 32 b. IV R 20 No. 1. Obv. 22 hervor. Eben diese Stellen verlangen eine Bed. wie „Fülle", welche auch durch E. M. II 339, 5: *šábila kappéšu mámé ḫi-iz-bi u duḫdi* „lass tragen seine Hände Wasser in Überfluss und massenhafter Fülle", nahe gelegt wird. — *zikri*. Beachte den seltenen Lautwerth *zik* des sonst meist nur für *siq* (*sik*) gebrauchten Zeichens. Dass das Wort „Name" bedeuten muss, zeigt der Parallelismus mit *šumú*, *nibit* Z. 67. 69. 70.

69. *mušamméḫat*, Part. II 1 von *šamáḫu* „gedeihen, sich kräftig entwickeln", z. B. Sanh. Kuj. 4, 37, wovon das Adj. *šummuḫu* Neb. II 37, und andere Formen mehr. Oppert: (Istar) „excites the men", Recc. XI 24.

70. *muštêšir*, Part. III 2 von *ašâru* (*išíru*) = hebr. □□□. — *naḫbéšu* „Quellen der Stadt". Oppert hält es für erlaubt, die Worte *Éa muštêšir naḫbéšu* durch „Ea arranges the marriages" zu übersetzen, Recc. XI 24, aber niemals bed. assvr. ~~naḫbu „marriage".~~ — *bélit-ilâni*, sonst auch ein Beiname Istars II R 59, 13—15 e. f. Da Istar ebenso wie Beltis bereits genannt sind, wird der Name „Herrin der Götter" von Ea's Gemahlin Damkina (auch IV R 63, 10 b f) zu verstehen sein. — *murappišat*, Part. II 1 von *rapâšu* „weit, ausgedehnt sein". Das Impf. *urappišú* findet sich ebenfalls in Verbindung mit *tâlittu* Sanh. Kuj. 4, 39. — *tâlittišu*, St. □□□.

71. *mulabbir*, Part. II 1 von *labâru* „alt sein oder werden". Die Parallelstelle Stierinschr. 90 hat das Schafel *mušalbir*. — *šarri*. Das Pluralzeichen, welches der einzige Cylinder P₂ hinter diesem Worte hat, kann nur ein Schreibfehler sein. — *ummâníšu*, Stierinschr. 91: *um-ma-ni-šu*. Das Wort *ummânu* „Heer", welches seinen Plural *ummânâti* bildet, wird getrost dem hebr. □□□, das ja auch von Kriegsheeren gebraucht wird, gleichzusetzen sein. Das Wort ist nicht zu verwechseln mit einem andern *ummânu*, welches in der Bed. „Kunst" gesichert ist. In dieser letzteren Bed. ist es z. B. V R 1, 32 und 13, 41 b zu fassen. — *dûrušu* (*dârušu*). Wie die Nebukadnezartexte zeigen, bed. *dûru* die Mauer auf dem inneren, *šalḫû* dagegen den Wall auf dem äusseren Ufer des Mauergrabens. Siehe zu beiden Wörtern noch I R 7, II 2. I R 49 col. IV 19 f. II R 50, 24—29 a. b. Sanh. Bav. 51. V R 4, 129 f. Nach *dûru* wie nach *šalḫû* ist ein Verbum für nennen zu ergänzen. — *adâši*, geschrieben *a-du-uš-ši*. Die Stierinschr. (Z. 91) bietet *a-li-šu* (Var. *áli-šu*) „seiner Stadt" (man erwartet: meiner Stadt). Meine Übersetzung „Neugründung" leitet das Wort her von dem bekannten St. *adâšu* „neu sein"; nach einer Mittheilung Friedrich Delitzsch's indessen führt ein unveröffentlichtes Vocabular unter den mancherlei Synonymen für *âlu* „Stadt" auch *adâšu* auf. Hiernach scheint *adâšu* in der That nur ein Synonym des *âlu* der Stierinschrift zu sein.

Oppert verkennt, wie mir scheint, den Zusammenhang dieser Zeile, wenn er Rec. XI 24 übersetzt: „Assur lengthens the years of the kings he has appointed, he protects the armies of the enclosure of the town. Nimp, who lays the foundation stone, fortifies its rampart to distant days".

72. *lišánu*, Stierinschr. 92: *li-ša-nu*. — *aḫîtu*, Fem. von *aḫû* (*aḫấ?*) „fremd, feind". Für diese Bed. des Wortes vgl. II R 29, 52. 53 g. h: *ur* = *nak*(sic!)-*ru*, *ur-ur-ri* = *a-ḫu-u* (es folgt *bi-ê-šun* „böse"); ferner I R 27, 68: *nakra aḫấ aiba limua*, IV R 55, 12 a und vor allem V R 6, 66. — *atmê*; siehe oben Z. 40. Das Wort ist als Gen. Sing. zu fassen, wie das Adjectivum beweist. — *mitḫarti*. Vgl. IV R 19, 47 a: *lišânu mitḫarti* „einstimmige Rede". Die Bed. „übereinstimmend" ergiebt sich leicht aus dem Grundbegriff des assyr. Stammes *maḫâru* „vorn sein, mit jem. zusammentreffen". — *ṣâb ilâni* „der Krieger der Götter". Oppert's Übersetzung „the light of the gods" Rec. XI 25 ist an sich berechtigt: das Zeichen *ṣab*, *laḫ*, *bir* kann ideographisch und zwar im Sinne von *núru* „Licht" gefasst werden; siehe V R 30, 21 e. f. ASKT. 79, 13. Indess glaube ich nicht, dass sie richtig ist. „Das Licht der Götter" könnte nur Samas sein, siehe IV R 17, 22 b, wo der Sonnengott *núr ilâni rabûti* „das Licht der grossen Götter" genannt wird; so oft aber der Assyrer von der Menschheit als *ba'ûlâti* „Unterthanen" eines Gottes spricht, ist dieser Gott bei Tiglathpileser I (Tig. I 33), bei Sanherib (Sanh. Bell. 38) und — Sargon selbst (siehe oben Z. 45) stets der Gott Bel, *bêl gimri* „der Herr des Alls", wie er hier ausserdem benannt ist.

73. *mêtil*. Die Bed. „Macht, Gewalt, Kraft" ist für das Wort *mitlu* wohl gesichert. Gleichen Stammes ist *mêtilûtum*, welches II R 43, 9 a. b als Syn. von *rapaštum* „Ausgedehntheit, Grösse" erscheint (vorausgeht *êmûḫu* „Macht" und es folgt die Gleichung *mašú* = *rabú*). Vgl. noch Tig. jun. 74: *ina mêtil ḫarradûtî'a* „in der Macht meiner Tapferkeit". Der Stamm kann kaum ein anderer sein als ﺏﺮﻉ. — *šibirrí'a*. Nach II R 28, 62 f. g ist *šibirru* Lehnwort aus nichtsem. *šibir*. — *pâ ištên ušaškin*. Die häufig wiederkehrende Redensart *pâšu šakânu itti* bed. „sich mit jem. ins Einvernehmen setzen, sich verabreden", z. B. V R S, 49. 69, das Schafel *pâ ištên, pâ êda šuškunu* „mehrere oder viele in Einvernehmen unter einander bringen", wie man im Deutschen etwa sagt, „unter Einen Hut bringen"; vgl. Khors. 34. Tig. VI 46. Zu dem Gebrauch des Verbums *šakânu* „machen" in Verbindung mit *pâ* Mund vgl. die häufige Phrase *pâšu êpêšu* „sprechen". Oppert übersetzt die Zeilen 72. 73 (Rec. XI 25): „The four dominions, each of different language, the people exempt from all taxes living on the mountains and in the plains which the Sun, the light of the Gods, the master of the spheres, illuminates, I have subdued them, in the remembrance of Assur my god, under the realm of my *sibirr*; I caused them to dwell separately and I established them there". Wie *ištên* „eins", auch wenn man *ana ištên* statt *pâ ištên* liest, „separately" übersetzt werden konnte, verstehe ich nicht.

74. *aplê* oder *mârê Aššûr* „Söhne oder Kinder Assurs" = Assyrer. Vgl. Asarh. II 46. — *mûdûtê*, Plur. von *mûdú*, trotz seiner Bildung mit *m* mir bislang nur als Adjectiv „verständig" bekannt. Vgl. ferner oben zu *êtpêšu* Z. 34. — *šúḫuz*, Inf. III 1 von *aḫâzu* „fassen, nehmen", auch „sich aneignen, lernen" (zur letzteren Bed. siehe V R 1, 31). Meine Übersetzung ergänzt vor *palâḫ ili u šarri* die Worte *ana šúḫuz* „lernen zu lassen, zu lehren". Ergänzt man nur *ana*, so könnte *šúḫuz šipitê* auch einfach „die Wache übernehmen zu lassen" gefasst werden. — *šipitê*, Gen. von *šipittu* (*šipitu*), einem Syn. von *mâṣartu* „die Wache", vergleiche II R 9, 9 d mit 8, 61 d. Hebr. רצנ. Das Wort ist nicht zu verwechseln mit einem Ähnliches bedeutenden und ganz gleich geschriebenen Worte *ṣibittu* „Gefangenschaft", *bît ṣibitti* „Gefängniss" (IV R 58, 32 a), vom St. *ṣabâtu* „gefangen nehmen". — *aklê*, Plur. eines in den babylonischen wie assyrischen Texten nicht selten vorkommenden Beamtennamens *aklu*, St. cstr. *akil*, vgl. z. B. III R 41 col. 1 31. Die genaue Bed. („Weiser"?) lässt sich noch nicht ausmachen; keinesfalls darf an arab. ﻞﻗﻉ gedacht werden, vielmehr scheint mir לכ der Stamm zu sein. — *šâpirê* „Schriftgelehrte" Part. I 1 von *šapâru*. Das Wort ist Eins mit dem aram. רפס Ezra 4, 8. Zum Zischlautwechsel vgl. *Šarrukên* ﯩﺗﺮﺻ, *šaknu* ﯩﯩﻗ (ﻥﯩﻗﻉ). Inhaltlich hat unsere Z. 74 eine beachtenswerthe Parallele an 2 Rg. 17, 24 ff.

75. Diese Zeile nimmt sicher auf die Einweihungsfeierlichkeit Bezug (Stierinschr. 97 f. Khors. 167 f.), welche stattfand *ultu šipir âli u êkallâtê'a uḳattû* d. h. „nachdem ich den Bau meiner Stadt und Paläste vollendet hatte". Unmöglich ist die Übersetzung „I separated them from the *sibir* of the town and from

my palaces" (Recc. XI 25). — *ķibûtî* „mein Geheiss", oder besser, dem Zusammenhange nach, „meine Rede, Gebet"; vgl. III R 15 col. I 6: *ķûtî aššîma ingurâ ķibûtî*. Asurb. Sm. 117, 4.

76. *bunnânê* oder *bûnânê* (*bu-na-nê* III R 7, 26). Dass das Wort von „Bauten" im Allgemeinen gebraucht würde, ist mir nicht bekannt, vielmehr bed. es sonst stets speciell „Statue", so Goldinschr. Z. 17; diese Bed. möchte ich hiernach auch hier vorziehen. In Verbindung mit *ṣalam* „Bildniss" (*ṣalam bûnâni*) bed. das Wort „Bildniss in Lebensgrösse", also ebenfalls „Statue"; vgl. Asurn. I 91. III R 6, 2 Rev. 7, 26. — *uṣaḫḫû*. P₁ bietet deutlich *u-šam-ḫu-u*, auf P₂ ist die Lesung zweifelhaft. *Ušamḫû*, Schafel von פ־רם „vertilgen", bietet auch Sanh. Bav. 58. Da aber die beiden Londoner Cylinder und die beiden Pariser Stiere *u-ṣaḫ-ḫu-u* lesen, so mag das *šam* Schreibfehler sein. · *uṣaḫḫû* ist Piel von *ṣaḫû* „wegraffen". — *uṣurât* (*uṣûrât*, III Botta 51, 104: *uṣ-ṣu-rat*), Pl. von *uṣurtu* „Wand, Mauer" (z. B. Neb. Senk. I 16. 22), St. רצ „schliessen, einschliessen", wovon *êṣêrû* Präs. I 1. Nach einer mündlichen Mittheilung Friedrich Delitzsch's lässt sich, und zwar wesentlich auf Grund noch unveröffentlichter Texte, ein anderes *uṣurtu* mit der Bed. „Relief" beweisen; diese Bed. würde natürlich an unserer Stelle noch besser passen. — Zu *ušamsaku*, Präs. III 1 von *masâku*, und *upaššaṭu*, Präs. II 1 von *pašâṭu*, siehe Tig. II 92 und VIII 69-77. *Ašûr*. Die Stierinschr. 104 bietet *Sîn*. — *liḳutû*, Impf. I 1 von *laḳâtu*, syn. *ḫulluḳu* Tig. VIII 88. Beachte auch die Angabe des Vocabulars II R 35, 63. 64 c. d: *luḳḳutu ═ ḳuttû*. — *ina* *šapal* etc. Oppert: „may they let him be treated as an insurgent by those who rebel against him" Recc. XI 26. Vgl. Tig. VIII 82 f: *ina pân nakrûtišu kamêš lišêšibûšu*.

— · — · — · —

No. 2. Stier-Inschrift.

2. *šakkanakku* (*šakkanâku*). Zu dieser Lesung des Ideogrammes vergleiche Neb. I 11 mit Neb. Bors. I 6. Schrader, Sargonsstele 30, erklärt das Ideogramm als Zusammensetzung des Zeichens für „Fuss" mit jenem für „Sklave", wonach die Zeichengruppe jemanden bezeichnen würde, der seinen Fuss auf den Nacken des Unterworfenen setzt. Da indess das erstere Zeichen auch den Werth *êmûḳu* „Macht" hat (Sb 2, 14), so giebt Schrader auch der Deutung „Machthaber über Sklaven oder Unterworfene" Raum. Mir scheint es besser, das zweite Zeichen in der ihm nicht minder gesicherten ursprünglichen Bed. *zikaru* „Mann" zu nehmen, so dass das Ganze einfach den „Machthaber" bedeutet. Wie aber erklärt sich das Wort *šakkanâku*? Ich möchte die folgende Erklärung vorschlagen. Das Wort scheint mir ein Compositum zu sein aus assyr. *šâḳû*, St. estr. *šaḳ* „hoch" (auch „Officier" als der „Hohe, Hochgestellte"), und *kanâku*, welches nicht nur den Theil eines Thores, sondern das Thor selbst zu bedeuten scheint, wie denn das nichtsemitische *kana*, woraus *kanâku* ein Lehnwort, sowohl durch *kanâku* Neb. III 50. Neb. Grot. I 36. IV R 16, 58,59 a, als geradezu durch *bâbu* „Thor" übersetzt wird, IV R 30, 31/32 a. Der *šakkanâku* würde hiernach der sein, der über das Thor der Stadt, über Ein- und Ausgang, damit aber über die Stadt selbst unumschränkteste Vollmacht besitzt.

20. *šaknûtê*. Wegen des *šaknûtê* der Parallelstelle Cylinderinschr. 16 habe ich auch hier das Zeichen *nam* als *šaknu* gelesen, obgleich es mir sonst in Verbindung mit dem Determinativ *amêlu* nur in der Bed. *piḫâtu* „Statthalter" (חחפ) bekannt ist.

28. *nagê*, Gen. von *nagû* „Bezirk". Vgl. aram. אגגנ. Neckisch klingt das Wort mit dem gleichbedeutenden nichtsemitischen *nanga* (Sb 148) zusammen. Dass man *Ja'nagê* nicht als Ein Wort lesen darf, hat Schrader KGF. 243 gezeigt.

30. *abšânu* (*apšânu*), Bildung auf *an* von einem St. שבא (שבא) „binden", woher *šu-tab(p)-šun* (═ *agû, riksu* „Turban, Krone") V R 28, 18 g. h. Die Bed. „Joch" oder viell. noch besser „Strang"

passt, so viel ich sehe, an allen Stellen, z. B. V R 2, 125, vorzüglich. Der St. mag mit dem hebr. רבד verwandt sein.

33. *tuklâtišu* „seine Helfer", concret gebraucht Pl. von dem sonst abstrakten *tukultu* „Hilfe, Beistand". — *mandahṣê* „die Krieger", Part. I 2 von ץהמ. — *sapan* St. estr. von *sapnu*, St. *supânu* „bedecken", dann auch „überwältigen". Wie hier vom Dunkel der Meerestiefe, so findet sich das Wort Sanh. Kuj. 4, 12 von den dunkelen Gründen oder dem Erdinneren eines Gebirges gebraucht.

34. *ukarrinu*, Impf. II 1 von dem vielfach belegten assyrischen St. *karânu* „aufhäufen", vgl. Neb. VII 22. VIII 15. Sams. 4, 30 und siehe Lotz zu Tig. II 21.

40. *êlênu*, Khors. 154 *êlênu*, anderwärts, z. B. Asurn. II 130 *êl-la-an*, präpositionell gebrauchtes Adjectiv, = *ina êli* Cyl. 44. Oppert: „to replace Nineveh" Cyl. XI 19.

41. *kirû* „Garten, Park". Vgl. zum Ideogramm II R 5, 30 c. d. — *ḫibišti*, Khors. 160 *ḫi-biš-ti* geschrieben, ist von mir an dieser Stelle durch „Gehölz" wiedergegeben, scheint aber an anderen, wie z. B. Z. 55 eben unserer Stierschrift, eine weitere Bed., etwa „Erzeugniss" zu haben. Anderwärts, wie Sanh. Kuj. 4, 41. Lay. 42, 50, ist freilich auch hiermit nicht auszukommen. Das Wort harrt noch endgiltiger Deutung. Ist es am Ende geradezu eine Steinart?

42. *inbi*. Das Zeichen weicht durch das Fehlen eines Keilchens von jenem Ideogramme ab, welches Sᵇ 65 durch *inbu* erklärt ist; eine Parallelstelle aber bei Botta (das Citat ist mir leider entfallen) bietet genau diese Form. Zum Stamm בנא siehe das schon zu Cyl. 61 Bemerkte. — *ḫurrušu*, Perm. II 1 wohl von dem nämlichen St. *ḫarâšu*, wovon *ḫuršu* „Waldgebirg, Gebirg". — *itâtuš* (*itâtâš* = *ina itâtêšu*), Pl. von *itû* „Seite", bezieht sich auf die Sargonstadt. Oppert hält *itâtuš* für das Object des Verbums *abtani*, und übersetzt: „I fixed the limits of its [des Parkes] extent". Indess Stellen wie Asarh. VI 16. Lay. 61, 55 wo anstatt *abtani* die Verba *êmêd* „ich stellte auf", *azkup* „ich pflanzte" gebraucht sind, lehren, dass nur *kirû* das Obj. von *abtani* sein kann.

51. *allu*; vgl. zu Cyl. 56. — *ušadrig*. Die Bed. dieses Wortes ist durch eine Reihe analoger Stellen wie V R 10, 92. Asarh. V 2 klar: es giebt sich als ein Synonym von *ušašši*, Schafel von *našû* „heben, tragen". Der Stamm ist noch nicht ganz sicher; doch würde sich zu einem St. ירד „hoch sein, in die Höhe heben" die Bed. des hebr. הגרדמ, welches Ez. 38, 20 in Parallelismus mit רה „Berg", HL. 2, 14 in solchem mit עלסה ירתסב „Felsenklippen" steht, trefflich fügen. Das assyr. *durgu* wird an den mir bekannten Stellen immer von Gebirgswegen, steilen Gebirgspfaden gebraucht.

53. *ṣalmât kakkadu* (sc. *nišê* oder *šiknâtê*, siehe IV R 29, 36 a) „die schwarzköpfigen Wesen", der bekannte umschreibende Ausdruck für „Menschen, Menschheit".

54. *rimêtišina* „ihre Wohnung", St. *ramû*, wovon *nadû* häufig vom „Aufschlagen" einer Wohnung gebraucht, dann geradezu „wohnen", siehe Asarh. VI 44. V R 6, 124. Silberinschr. 18; vgl. auch Sanh. VI 26: *ana rimêt šarrûti'a* „zum Wohnsitz meiner Majestät". — *ṣulâlu* „Bedachung", anderwärts auch „Schatten", von dem bekannten St. *ṣalâlu*, wovon *ṣillu* „Schatten": Oppert übersetzt Z. 54 b. 55: „all the people assembled performed the ceremony of *sulul* (of the hand bells)", Recc. XI 20.

56. *pêlu*. Das häufig vorkommende Wort *pêlu*, auch *pûlu* (siehe IV R 45, 6) bed. sonst den einzelnen Quaderblock, hier offenbar die aus Quadern aufgeführte Grundmauer. Oppert giebt *pêlšu ušatriṣa* durch „according to the rule [they] distributed the various employments" wieder. Recc. XI 20.

65. *mêsir* „Überzug", von *asâru* „binden, fassen, einfassen". — *êrê*, Gen. von *êrû* „Bronze" Sᵇ 114.

70. *nêrgalê*. Vgl. Schrader KAT² 282 f. — *tu'âmê* „Zwillinge" d. i. „Paare", hebr. םימאת. Vgl. das Fem. *tu'âmâti* „Doppelthürflügel" II R 23, 24 c. — *šu-ut* (*šu-par* kommt wohl kaum in Betracht) ist noch nicht ganz sicher. Die Stellen V R 1, 86. Neb. II 60, wo *ilâni šu-ut šamê iršitim* kaum anders zu fassen sein dürfte als „die Götter Himmels und der Erde", scheinen *šu-ut* als mit der Genetivpartikel *ša* gleichbedeutend zu erweisen. Dies würde auch an unserer Stelle passen: „8 Löwenkolosse von so und so viel Talenten (Centnern)". — *gun* wird Sᵇ 369 durch *biltu* „Abgabe" (לבב) erklärt. Wie aber das Ideogramm in der ihm ebenfalls unzweifelhaft zukommenden Bed. „Talent" (Centner) zu sprechen ist, muss für das Nichtsemitische ebenso wie für das Assyrische noch dahingestellt bleiben.

71. *maltakti*; ein Stamm ךלד ist mir nicht bekannt, ein St. םחד (שחד?) dagegen liegt vor in *maštaku* „Kammer, Gemach" II R 27, 9 b und ferner in *maštaktum* II R 45, 14 b, mit welch letzterem

Worte unser *mallaktu* viell. unmittelbar zu identificiren ist. Die Bed. des Stammes und damit des Wortes *mallaktu* ist noch dunkel; meine Übersetzung „Machwerk, gefertigt" gründet sich lediglich auf den Zusammenhang und die ähnliche Stelle V R 2, 41 f. — *Nin-id-gal* (so auch Khors. 163), Bezeichnung des Gottes Ea als des „Gottes *ša nappaḫê* d. i. „der Schmiede" II R 58, 58; vgl. Sʰ 92.

72. *dimmê*, Pl. von *dimmu*. Die Bed. „Säule" ist durch viele Stellen gesichert; V R 2, 41 scheint das Wort von Obelisken gebraucht zu sein. Die Texte erwähnen *dimmê* aus Bronze und aus Holz, V R 10, 101. Sanh. Kuj. 4, 20. Aus der Vierzahl der Säulen glaube ich schliessen zu dürfen, dass von den acht Löwenpaaren immer je zwei Paare in jedem der vier Thore aufgestellt waren. Jeder Löwe trug hiernach eine Säule. Wie Sargon, stellte auch Sanherib solche Säulen auf Löwenbildern auf, siehe Lay. 41, 32 f. — *šutâḫûtê*, St. שׁתי (שׂתי), siehe oben zu *išêḫu* Cyl. 38.

73. *kuburšun*, St. cstr. von *kubru* St. *kabâru* „gross sein, gross werden, hoch wachsen", vgl. z. B. Sanh. Kuj. 4, 11, wo *ikbirû* „sie (die Cedern) wurden gross" in Parallelismus mit *išêḫâ* (שׂיח) steht.

74. *dappê*, wohl Eins mit aram. אדף „Brett". Beachte die Schreibung Sanh. Konst. II 84: *da-ap-pê*.

75. *lu*, durch *immêru* „Lamm" Sb 1 Rev. 11. IV R 7, 9|10 a und sonst wiedergegeben. Ich glaube indess nicht, dass das Ideogramm an unserer Stelle so gefasst werden darf; der Zusammenhang sowohl wie das ausdrücklich beigesetzte *šâdê* „des Berges" scheinen mir jetzt mit Nothwendigkeit darauf zu führen, dass das Ideogramm *lu* auch den „Stier" bedeutet. Ich möchte meine Übersetzung der Z. 75 desshalb abändern in: „Bergochsen, Stierkolosse" u. s. f. — *lamassê*; für diese Lesung des Ideogrammes siehe z. B. Sʰ 1, 116. II R 18, 44 a. b. — *êšḳi*, Gen. von *êšḳu*, St. עשׁק „fest, stark, mächtig sein".

77. *si-gar*, Ideogramm für *šigâru* „Verschlag, Einfassung" IV R 17, 5/6 a. 20 No. 2, 3|4 a. Das assyrische Wort wird auch von dem Käfig eines Hundes oder Löwen gebraucht. — *askuppe* (*askûpê*), Pl. von *askûpu* „Schwelle", viell. speciell „Oberschwelle", aram. *iskûfâ*, *eskûftâ*. Das Wort bildet auch den weiblichen Pl. *askûpâti*.

78. *abšim*, Impf. I 1 von *bašâmu*. Die vielfach angenommene Bed. „gut, schön sein", so dass II 1 „gut machen" bedeuten würde, scheint mir nicht erweisbar. Wie ich glaube, bed. *bašâmu*, und zwar im Kal wie im Piel, „stellen, aufstellen, legen, machen". Es wird dies bestätigt durch die gleichbedeutenden Ausdrücke *ubaššim manzaz*, *ušaršid manzaz*, *manzaz ukîn* in der Erzählung von der Schöpfung der Gestirne Z. 1. 6. 8. Vgl. auch Pinches' Babylonian Texts p. 16 Obv. 10, wo *bâšimu* in Parallelismus mit *muddišu* „erneuernd" steht. — *ašurrûšin*. Eine Bed. wie „Wand" scheint der Zusammenhang an vielen Stellen zu fordern, z. B. Lay. 41, 37; siehe andere bei Norris S. 56. In analogem Zusammenhang bietet Lay. 39, 19 *ki-su* anstatt *ašurru*.

79. *tabrâtê*, Pl. von *tabrîtu* „das Ansehen, Anschauen", vor allem „bewunderndes Anschauen", von dem im Assyrischen sehr gewöhnlichen St. *barû* (*birû*) „sehen, schauen", wovon z. B. *bîru* „Gesicht, Traumgesicht"; vgl. auch *tabrît mâši* „Nachtgesicht", Syn. von *šuttu* (שׁנתו) „Traum".

99. *aḳrê*, Impf. I 1 von *ḳarû* (קרא) „rufen, anrufen". — *tašiltašina*. Zu diesem Worte *tašiltu*, Pl. *tašilâti* siehe die von Lotz zu Tig. VII 91 f. angeführten Stellen und ausserdem noch V R 34 col. I 47. Es muss, wie vor allem auch unsere Stelle lehrt, etwas wie Weihe oder Festlichkeit bedeuten. Der Stamm ist noch nicht sicher.

101. *liptât*, Pl. von *lipittu*, St. רבת. Meine Übersetzung „Händefaltung" möchte ich im Hinblick auf Sanh. Bav. 56. Sanh. Kuj. 4, 10. 18 aufgeben und, wie auch Oppert thut, einfach „Händewerk" übersetzen.

102. *kiṣṣešun*. Nach Stellen wie V R 34 col. I 46, wo der Tempel *Esagila* den Beisatz *kiṣṣi rašbam* hat, und Sams. 1, 24, wo die Stadt Kalah *kiṣṣi êlli* genannt ist, scheint das Wort *kiṣṣu* (*ḳiṣṣu*) etwas wie Wohnung oder Heiligthum zu bedeuten; vgl. noch besonders IV R 55, 18 b.

No. 4. Silber-Inschrift.

41 f. *ultu ṣêtan adi sillan* (oder *ṣêtûn*, *sillânt!*) höchst wahrscheinlich „vom Aufgang bis zum Niedergang", wiederholt vorkommende Phrase, z. B. 1 R 7 No. F, 9.

25. *umâm*. Auch Asurnazirpal erzählt (Stand. 1, 19), dass er für seinen neuen Palast *umâm šâdê u tiâmâtê* anfertigen liess. Die Bed. „Thier, Gethier" steht für *umâmu* durch viele Stellen fest, z. B. V R 6, 105.

29. *Nannarêš*, „gleich dem Mondgott Nannar". Ebenso findet sich Sanh. V 81 ein Adverbium von dem Namen des Stromgottes gebildet.

37—39. Oppert übersetzt: „I measured a surface of 10 aruras and surrounding it, I distributed in 180 *tiri* its battlements", und sieht in dieser Stelle eine Angabe des Quadratmasses des Palastes (Recc. XI 36 f.). Die Unhaltbarkeit dieser Ansicht ist aber schon aus dem Zusammenhang klar. Mit *uratti* Z. 34 sind die Paläste abgethan, hier handelt es sich um die Stadtmauern. Nur auf *dûrânišu* „ihre Mauern" können unsere Zeilen bezogen werden. Ist dies aber der Fall, so fällt die ganze von Oppert in Recc. XI 37. 38 gegebene Darstellung des assyrischen Maassystems, soweit dieselbe auf diese Stelle gegründet ist, über den Haufen. Dass hier nicht von Quadratmaassen, sondern vielmehr von Längenmaassen die Rede ist, erhellt auch aus 1 R 7 F. Hier erzählt Sanherib, dass er unter anderm die Mauer und den Wall Nineve's kunstvoll habe bauen und hoch wie ein Gebirg aufführen lassen, und führt dann fort Z. 17. 18: *I C. ina I ammat rabitim ḫarîṣuš ušrappiš* „hundert Grossellen liess ich breit machen seinen Graben". Und Zeile 21 f. ebendieser Inschrift heisst es dann weiter: *LXII i-na I ammat rabitim ša girri šarri adi abulli kirê amšuḫ rupussu* (= *rupuš-šu*) „Zwei und sechzig Grossellen mass ich die Breite der Königsstrasse bis an das Gartenthor". Der Gebrauch der Präp. *ina* zwischen der Zahl und *ammatu* entspricht ganz dem Gebrauch des hebr. בְּ, z. B. Ex. 26, S. 27, 9 u. ö. — *uḫappir*, St. *ḫapâru* „graben" hebr. חפר. Für das Assyrische ist dieser Stamm durch die Stelle Sanh. Konst. 9 gesichert, wo erzählt wird, dass Merodachbaladan, bevor er vor Sanherib über das Meer hin nach Elam flüchtete, die Gebeine seiner Väter aus ihren Gräbern *iḫpir* d. i. ausgegraben habe. Übersetze also: „10 Ellen tief liess ich graben". — *tibḳê*, ein Maass und zwar offenbar ein weit kleineres denn die Elle, wohl ein Bruchtheil der *ammatu*. Mehr denn 180 *tibḳê* hoch baute Sargon die Stadtmauern, und 50 *tibḳê* tief legte Tiglathpileser das Fundament des Anu- und Ramantempels (Tig. VII 81). 50 *tibḳê* etwa so viel wie die 10 *ammat* unserer Stelle?

41. *anâku* Blei, hebr. אֲנָךְ. Lenormant TSBA. VI 337. 346 schliesst aus IV R 14 No. 2 Rev. 17, dass *anâku* vielmehr das Zinn bedeute, und hält *a-bar* für das Blei. — *uknê*. Zu dieser Lesung des Ideogrammes *zagin* (V R 22, 10 a) vgl. z. B. 4 R 18, 42 ff. b.

No. 5. Gold-Inschrift.

19. *ilu bêl nimêḳi* bezeichnet sonst den Gott Ea. Meine Übersetzung, welche diesen Gottheitsnamen auf Sargon selbst überträgt, will natürlich nichts weiter als ein Versuch sein, den Text, wie er uns einmal vorliegt, nothdürftig zu erklären. Mir scheint der Text schadhaft zu sein; vielleicht ist *ina šipir* (vgl. oben Stierinschrift Z. 71) vor dem Gottesnamen ausgefallen. Meine Lesung *êpuš* beruht auf einem Versehen, der Text bietet wirklich *u* und darauf *lid* (*rim*) oder *kak*. Ich schlage vor zu übersetzen: „Statuen ihrer hehren Gottheit führte ich auf (*urîm*) mit Hülfe der Kunst Ea's, des Schöpfers von allem". Zum Lautwerth *rim* des Zeichens *lid* vgl. z. B. IV R 9, 27 a im Vergleich mit 19, 11 b.

Glossar.

Abkürzungen: Cyl. = Cylinderinschrift, St. = Stierinschrift, B. bez. Sil. G. A. = Bronze-, Silber-, Gold-, Antimoninschrift. — Nicht in Sylben abgetheilte Wörter sind als ideographisch geschrieben zu betrachten. — Wo mir die Natur eines א als א₁ = א, als א₂ = ד, als א₃ = ח₁, als א₄ = ד₁ ב, oder als א₅ = ד₂ ב klar war, habe ich das א näher charakterisirt, sonst nicht. Für ד oder ח als letzten Radical eines Wortes habe ich nach Art der hebr. Verba ח״ל ein ח gewählt; in manchen Fällen dürfte sich dieses ח vielleicht noch als א₁ erweisen. — Der Stern * bezeichnet Lehnwörter aus dem Nichtsemitischen.

א.

אלא₂ *âlu* „Stadt" *âli* Cyl. 43. 49. 51. 55. 58. 61. 75 bis. St. 33. 47. 53. 97. 101. B. 55. 56. *âli-ja* Cyl. 68. St. 85. *a-li-šu* St. 91. *âlu-uš-šu* Cyl. 32. *âla* St. 40. B. 27. Sil. 10. G. 12. A. 10.

אב₁ *Âbu* Monatsname Cyl. 61. St. 52.

אבאב* *ab-ab* (?) Cyl. 59. St. 50.

אבה₁ *âbu* „Vater" *âbê-ja* Cyl. 48.

אבל₁ *abullu* (*abûlu*) „Stadtthor" Cyl. 67bis. 68. 69. 70bis. St. 84. 85. 87. 89. Pl. *abullê* Cyl. 66. St. 82.

אבנ₁ *abnu* „Stein" B. 39. *aban* Cyl. 65. St. 75. B. 48. Sil. 42. G. 34. A. 20. *a-ban* Sil. 25. Pl. *abnê* St. 55.

אבר* *a-bar* ein Metall Sil. 41. G. 33. A. 19.

אבר₁ *abâru* „Rüstigkeit" *a-ba-ri* Cyl. 30.

אבר₁ *êbêru* „durchschreiten" *ê-tê-ib-bi-ru* Cyl. 11.

אבש *abšânu* „Joch" *ab-ša-an-šu* St. 30.

אבת₁ *abâtu* „zu Grunde gehen" *mu-ab-bit* Cyl. 33.

אד* *êdû* „Meeresfluth" *ê-dê-e* Cyl. 37.

אד₄ *adi* „bis, nebst" *a-di* Cyl. 13. 14. 15. St. 30. Sil. 5. G. 0. A. 5.

אדם *admânu* „Wohnung" *ad-ma-an* Cyl. 49. St. 47.

אדר *adâru* „scheuen" *a-dir* Cyl. 25. St. 19.

אדש₃ *adâšu* „neu sein" *lu-diš* A. 22. *lu-ud-diš* Sil. 45.

אדש *adâšu* „Stadt" (?) *a-du-uš-ši* Cyl. 71.

אור *âru* „sehen" *a-a-ri* Cyl. 11. — *ûru* „Tag" *ur-ru* Cyl. 43. St. 48. *ur-ra* Cyl. 49.

אזנ₁ *uznu* „Ohr, Sinn" *uz-ni-ja* Cyl. 48. *u-zu-un-šu* Cyl. 34. St. 39.

אחא₁ *aḫû* „anders, fremd" *a-ḫi-tu* Cyl. 72. St. 93.

אחז₁ *aḫâzu* „nehmen, greifen, halten" *šu-ḫu-uz* Cyl. 74. St. 96. B. 53. — *taḫazu* (oder von חחי ?) „Schlacht" *ta-ḫa-zi* Cyl. 8. B. 19.

אחם *uḫummu* „Fels" (?) *u-ḫum-mê* Sil. 36. *u-ḫu-um-mê* Cyl. 35.

אחר *a-ḫar(mar)-šu* (?) Cyl. 40.

אחר *aḫarru* (*aḫârû*) „Westland, Westen" *aḫârê*

Cyl. 69. St. 68. 88. *a-ḫar-rê* Cyl. 13. — *aḫrâtu* „Zukunft" *aḫ-ra-taš* Cyl. 54.

אטר₁ *êṭêru* „schonen" *ê-ṭê-ri-im-ma* Cyl. 40.

אב₁ *âbu* „feindlich" *a-a-bu* St. 31.

אכל₂* *êkallu* „Palast" *êkal* Cyl. 63. 64. St. 67. B. 1. 37. Sil. 1. 23. G. 1. 28. A. 1. *êkallâtê* Cyl. 49. St. 47. 60. 100. Sil. 19. G. 22. A. 14. *êkallâtê-ja* St. 97.

אכ₁ *aiummu* (*â'ûma*) „irgend einer" *a-a-um-ma* Cyl. 46. St. 45.

אכ₁ *imtu* „Schrecken" *i-mat* Cyl. 29.

אכ₁ *ênu* „Auge" Cyl. 1. *ê-ni* Cyl. 38. 74. St. 95. B. 52.

אכה *akû* „schwach" (?) *a-ku-u* Cyl. 40.

אכל s. יבל.

אכם *êkêmu* „wegnehmen" *ê-kê-mu* St. 27. *ek-mu-tê* Cyl. 24. St. 25.

אכנ *uknû* „Marmor" *uknê* B. 44. Sil. 41. G. 33. A. 19.

אכשל(?) *uk-šu-ul* ... Cyl. 53.

אל₁ *ilu* „Gott" St. 50. *ili* Cyl. 42. 55. 60. 74. St. 96. B. 54. *ilâni* Cyl. 2. 43. 48. 49. 50. 57. 59. 72. 75. 77. St. 2. 19. 31. 47. 94. 98. 101. 105. B. 3. 30. 50. 55. 59. Sil. 14. A. 12. — *ilâtu* „Gottheit" *ilû-ti-šu-nu* Sil. 16. G. 18.

אל *ultu* „seit, von" A. 4. *ul-tu* Cyl. 8. 35. St. 97. B. 15. Sil. 4. G. 5.

אל₄ *êli* „auf, über, mehr denn" Cyl. 6. 23. 44. 48. 55. 65. St. 9. 19. 39. 73. B. 13. 46. Sil. 38. *ê-li* St. 55. 80. *êli-šu-nu* Cyl. 16. *êli-šu-un* B. 23. *êli-ši-na* Sil. 31. — *ê-lê-nu* „oberhalb" St. 40. — *êliš* „droben" Cyl. 37. — *êl-lu* „der Hohe" Cyl. 17, oder von אל₁?

אלא *ullû* „jener" *ul-la-a* Cyl. 35.

אלכ₂ *alâku* „gehen" *u-ša-lik* St. 79. — *alaktu* „Gang, Verlauf" *al-kat* Cyl. 53. — *ma-lak* „Weg, Entfernung" St. 28. 35.

אלל₁ *allu* „Kette" (?) *al-lu* Cyl. 56. St. 51.

אלל₁ *ul* „nicht" Cyl. 46ter. St. 45. 46bis.

11*

אַבִלוּ *abilu* „jauchzen" *a-la-la* Cyl. 36. Oder von בָּלַל (בִּבְלַל)?

אֲבָן₁ *ebânu* „vor" *êl-la-nu-u-a* Cyl. 45. St. 43.

אֵלִבוֹ *illuru* „Herrschergewand" (?) Cyl. 33.

אִלְתָּן₁ *iltânu* (= *istânu*) „Norden" Cyl. 68. St. 56.

אֵמֵדוּ *êmêdu* „stellen, aufstellen, auflegen" *ê-mêd* St. 71. *ê-mê-du* Cyl. 33. *ê-mêd-du* St. 15. 30. *ê-mêd-su-nu-ti* Cyl. 16. B. 15.

אָמַת₁ *amâtu* „Wort" *a-mat* Cyl. 34. St. 37.

אַמְדָא₁ *amêlu* „Mensch" *a-mê-lu-ti* Cyl. 41.

אַמַת₁ *ammatu* „Elle" *ammat* Cyl. 65. St. 30. B. 47. Sil. 37.

אֲמָן₁ *umâmu* „Gethier" *u-ma-am* Sil. 25.

אֲמָן₂ *ummânu* „Volk, Heer" *ummâni-šu* Cyl. 71. *um-ma-ni-šu* St. 91.

אֵמֵק₁ *êmêku* „tief sein". — *nimêku* „Weisheit" *nimêḳi* Cyl. 58. G. 19. *ni-mê-ḳi* Cyl. 38. 47. — *têmêḳu* „Inbrunst" *tê-mê-ḳi* Cyl. 53.

אֲמָר₁ *amâru* „sehen" *ê-mu-ru* Cyl. 8. 10. B. 20. *in-nam-ru* Cyl. 17. — *tâmartu* „Geschenk" *ta-mar-tuš* St. 36. *ta-mar-ta-šu-nu* St. 100.

אֲמַשׁ *tamirtu* „Wasserbehältniss" *ta-mir-ti* Cyl. 37.

אֲמַשְׁקוֹ *umsikku* .... *un-šik-ku* Cyl. 56. *um-šik-kê* Cyl. 5. St. 6. B. 11.

אָן* *an* nach Zahlen *a-an* Cyl. 45. St. 70. 72.

אָן *ana* „gegen, au, nach, zu" *a-na* Cyl. 3. 7. 13. 2S. 34. 43. 49. 50. 51. 53. 54. 5S. 60. 62. 63. 71. 74. 75. St. 5. 11. 20. 27. 37. 46. 54. 5S. 63. 76. 79. 92. 96. B. 6. 16. 29. 53. 57. — *aššu* (= *ana-šu*), *aš-šu* Cyl. 41. 52.

אָן *ina* „in, unter, mit" Cyl. 27bis. 53. 63. St. 22. 67. 94. 105. B. 27. 59. 60. Sil. 22. 25. 26. 33. 37. 51. G. 32. 36. 40. A. 7. S. 13. 17. 1S. 21. *i-na* Cyl. S. 17. 19. 21. 35. 36bis. 40bis. 41bis. 44bis. 46. 47bis. 54bis. 57. 5S. 59. 61. 66bis. 73bis. 77bis. 16 bis. 2S. 33. 35. 39. 45. 49. 50. 52. 61. 71. Var. S1. S2. 94. 9S. 106. B. 19. 26. 60. Sil. 5bis. 9. 15. 23. 27. 40. 43. G. 9. 16. 26.

אָנַב₁ *inbu* „Kraut" *in-bi* St. 42. — *am-ba-tê* ...... Cyl. 61.

אָנַה₁ *anâhu* „verfallen". Part. *anhu, an-ha-a-tê* B. 12. — *anhûtu* „Verfall" *an-hu-su* A. 22. *an-hu-us-su* Sil. 45.

אַנָכוּ *anâku* „Blei, Zinn" (?) Sil. 41. G. 33. A. 19.

אָנַן *innu* „Uugemach" (?) *in-nu* Cyl. 20.

אָנַן *innu* „Strombett" (?) *in-nê* Cyl. 37.

אָנַן *unnu* „Gefäss" (?) *un-nu-tê* Cyl. 42.

אָנַשׁ₁ *anâšu* „schwach sein". Part. *ênšu* „schwach" *ên-šê* Cyl. 50. — *ênšûtu* „Schwachheit" *ên-šu-tê-šu-nu* Cyl. 4. B. S.

אָנָשׁ₁ *tênišåtu* „menschliche Wesen, Menschheit" *tê-ni-šê-tê* Cyl. 53.

אָסַל *as(t)lu* „Lamm" *as(t)-li-iš* Cyl. 29.

אָסַם *asâmu* „schmücken" *us-si-ma* Sil. 24.

אָסַר *asâru* „einschliessen". — *mêsiru* „Überzug" *mê-si-ir* St. 65.

אַפְתְּ *aptu* „Anbau" *ap-pa-a-tê* St. 67.

אַפְל *aplu* „Sohn" *aplê* Cyl. 74. St. 95. B. 52.

אַפְסֵא* *apsû* „Wassertiefe" *apsê* Cyl. 47.

אַפֵשׁ *êpêšu* „thun, machen, bauen" *êpuš* B. 27. Sil. 10. 22. G. 12. 26. A. 10. 17. *ê-pu-uš* St. 40. *ê-pu-šu* Cyl. 62. St. 59. *ê-pu-šu* Cyl. 45. St. 31. 44. — Inf. *ê-pêš* Cyl. 43. 55. 5S. 75. B. 56. *ê-pê-šu* (*êpêš-šu*) Cyl. 69. St. 49. Part. *êpêšu ê-pê-ši-šu* Cyl. 71. St. 90. — III 1 *u-šê-piš* Sil. 17. 27. *u-šê-pi-ša* St. 69. — *êpištu* „Werk" *êp-šit* Cyl. 69. 76. St. 56. 103. B. 57. Sil. 49. G. 37.

אֵפֵשׁ *êtpêšu* „verständig" *êt-pê-šu* St. 36. *êt-pê-ê-šu* Cyl. 34.

אֵצֵר *êṣêru* „schliessen, einschliessen" *ê-ṣê-ru* St. 104. B. 5S. *êṣ-ṣê-ru* Cyl. 76. — *uṣurtu* „Mauer" (?) *u-ṣu-rat* Cyl. 76. *uṣ-ṣu-rat* St. 104. *ê-ṣu-rat* B. 5S.

אֶקְל₃ *êḳlu* „Feld" *êḳli* Cyl. 52bis. *êḳla* Cyl. 52. Pl. *êḳlê* Cyl. 51.

אֶקְשׂ *êḳšu* „stark" *êḳ-ši* Cyl. 32.

אֵרֵב *êrêbu* „eintreten" *ê-rib* St. 99. *ê-ri-bi* Cyl. 54. III 1 *u-šê-ri-ba* Cyl. 19. — *nirbu* „Eingang, Thalschlucht" *ni-rib-šu-nu* Cyl. 10. *ni-rib-šin* St. 66. *ni-rib-ši-na* Sil. 28.

אֵרֵ *êrê* „Bronze" *êrê* St. 55. 65. 71. Sil. 41. G. 33. A. 1S.

אֵרְקָן *urkarinu* „Buxbaum" (?) Cyl. 63. St. 60. Sil. 20. 32. G. 23. A. 15.

אֶרְנ *irninu* „Wille" (?) *ir-nit-ti-ja* Cyl. 43. 67. St. 83.

אֶרְנ *êrinu* „Ceder" Cyl. 63. 64. B. 38. *êr-ini* St. 61. 64. 72. Sil. 20. 30. G. 24. 31. A. 16.

אֶרְצ *irṣitu* „Erde" *irṣi-tim* Cyl. 57. 75. B. 55.

אֶשֶׁד *išdu* „Grund, Fundament" *iš-di* Cyl. 68. St. 85.

אֶשֶׁן *ušû* eine Holzart Cyl. 63. St. 60. Sil. 19. 32. G. 23. A. 14.

אֶשֶׁ s. *ana*.

אֶשֶׁן *aššu* „mächtig" *êš-ḳi* St. 75.

אֶשֶׁר *ašru* „Ort, Lage" *a-šar* Cyl. 52. *a-šar-šu* Cyl. 46. St. 45. *a-šar-ši-na* Cyl. 11.

אֶשֶׁר *ašurru* „Wand" (?) *a-šur-ru-ši-in* St. 78.

אֶשֶׁש *uššu* „Fundament" *uš-šê* Cyl. 60. *uššê-šu* A. 21. *uš-šê-ê-šu* Cyl. 61. St. 56. *uš-šê-šin* B. 41. Sil. 41. G. 36.

אֶשֶׁ *aššu* s. *ana*.

אֶשֶׁת *ištu* „aus, von" *iš-tu* Cyl. 12. 14.

אֶשֶׁתּן* *ištên* „eins" Cyl. 73. St. 95.

אֶתֶּ *itû* „Seite, Grenze" *i-ta-tuš* St. 42. *i-ta-tê-ê-šu* Cyl. 42. — *itti* „zu, mit" A. 24. *it-ti* Cyl. 17. St. 20. Sil. 47.

אֶתֶּל₁ *êtlu* s. אֶדֶל.

אֶתֶּק₁ *êtêḳu* „durchziehen" *ê-ta-at-tê-ku* Cyl. 11.

ב.

בֵּל₂ *bêlu* „herrschen, beherrschen, in Besitz nehmen" *i-bê-lu* Cyl. 13. Sil. 6. G. S. A. 6. — *bêl* „Herr" Cyl. 47. 5S. 60. 72. St. 94. Sil. 51. G. 19. 39. *bêli-ja* Cyl. 73. St. 94. *bêlê-ja* Cyl. 55. St. 14. B. 30. *bêlê-šu-nu* Cyl. 51. — *bêlûtu* „Herrschaft" *bê-lu-ut* Cyl. 45. St. 43.

bê-lu-ti-ja Cyl. 49. St. 48. *bê-lu-ti-šu* Cyl. 8.
B. 18. — *ba-'u-lat* „Unterthanen, Reiche"
Cyl. 45. 72. St. 44. 92. B. 49.
בעל *bu'ânu* „Geschwür" *bu-a-ni* Cyl. 41.
באר *bêru* „Quelle" *bê-ra-a-tê* Cyl. 11.
בא? *bâru* „fangen, jagen" *i-ba-ru* Cyl. 21. St. 25.
— *bârânû* „Räuber" *ba-ra-a-nu-u* Cyl. 32.
בא? *bu'âru* „Heiterkeit" *bu-'-a-ri* Cyl. 54.
בב *bâbu* „Thor" *bâbê-šu-nu* B. 37. *bâbê-šu* Cyl.
61. Sil. 24. G. 29. *bâbê-ši-in* St. 69.
bâbê-ši-na Sil. 33. *bu-bê-ši-in* St. 74.
בבל *biblu* „Begehrung, Antrieb" *bi-bil* Cyl. 40.
B. 26. G. 10. — *bibiltu* dass. *bi-ib-lat* St. 73.
Sil. S.
בהל *buḫûlâtê* „die Mannen" *ba-ḫu-la-tê-ja* Cyl. 56.
ba-ḫu-la-tê-šu-nu Cyl. 29.
בטל *batâlu* „aufhören, in Wegfall kommen" *batiltu*
„abgeschafft" *ba-ti-il-tu* Cyl. 5. B. 10. *ba-til-ta*
Cyl. 40. St. S.
בטן *butnu* „Pistazienholz" *bu-ut-nu* St. 62. *bu-ut-ni*
Cyl. 63. Sil. 22. G. 25.
בוא (יבא) *bâtu* „hervorbringen" *mu-uš-bil* Cyl. 61.
בית *bîtu* „Haus" *bît* Cyl. 64. St. 67. 68. Sil. 23.
bîti Cyl. 58. 61. St. 53. B. 36. G. 27.
בלט *bultu* „Leben" *bu-lut* Cyl. 39.
בלה *balâḫu* „verwüsten" *mu-bal-li-ḫu* Cyl. 18.
בלה *baltu* „Fülle" *bal-ti* Cyl. 41.
בנה *banû* „bauen, machen, schaffen" *ab-ni* Cyl. 63.
St. 63. B. 36. *ba-ni-i-šu* Cyl. 53. *ba-an* G. 19.
ba-nit Cyl. 48. *ab-ta-ni* St. 42. *šu-ub-nu-u*
Cyl. 43. — *binu* „Sohn" *bi-in* Cyl. 57. —
bânânu „Statue" *bu-un-na-nê-ê* Sil. 16. G. 17.
bu-un-na-nê-ja Cyl. 76. St. 103. B. 58.
ברה *barû* „sehen, schauen" *tabrîtu* „Anstaunen"
tab-ra-a-tê St. 79.
בורש *burâšu* „Pinienholz" St. 62. Sil. 21. G. 25.
בוש *bašû* „sein, haben" *ib-šu* Cyl. 8. B. 19. *šub-ši-i*
Cyl. 52.
בשם *bašâmu* „schaffen, stellen, legen, setzen"
ab-šim St. 78.

ג.

גבר* *gabrû* „Gegner" *gab-ra-a-šu* Cyl. 8. B. 18.
גבש *gibšu* „Masse" *gi-biš* Cyl. 37. — *gabšu* „massen-
haft" *gab-ša-a-tê* Cyl. 56.
גלד *šuglûdu* „furchtbar" *šug-lud-du* Cyl. 11.
גמר *gamir* „vollendet" *ga-mir* Cyl. 30. — *gimru*
„Gesammtheit, alles" *gim-ri* Cyl. 59. 72. St.
94. *gi-mir* Cyl. 29. 42. St. 19. 22. 27. 41. 53.
גון* *gun*(?) „Talent" St. 70.
גנה(?) *ga-ni* . . . Cyl. 42. — *gé-ên-nê* . . . . Cyl. 62.
gé-nê-ê St. 58. — *gunnû* „Festung, Schanze"
gu-un-nê-šu Cyl. 18.
גר* *gar* ein Maass (= 12 Ellen) St. 72. 80.
גיש* *gi-iš-gi-ni-iš* „gleich dürrem Holze"(?) Cyl. 22.
גאש *gašâ* „gewaltig" *gaš-ru-u-tê* Cyl. 10.
גשר *gušurê* „Balken" Pl. Cyl. 64. St. 64. B. 38.
Sil. 30. G. 30.
גשרגל* *giš-šir-gal* „Alabaster" Sil. 42. G. 34. A. 20.

ד.

dâšu „mit Füssen treten" *da-a-iš* Cyl. 32.
דאב *dabâbu* „planen" *id-bu-bu* Cyl. 28. *da-bi-bu*
St. 19. *da-bi-ib* Cyl. 26.
דגל *dagâlu* „schauen" *da-gil* Cyl. 26.
דר *dadmu* „Wohnung" *da-ad-mê* St. 77.
da-ad-mê-šu Cyl. 22.
דר *dûru* „Mauer" *dûru-šu* Cyl. 71. St. 91.
dûri-šu Cyl. 65. St. 80. B. 45. *dûrâni-šu*
Sil. 34.
דין *dânu* „Richter" Cyl. 43. *da-i-nu-tê* Cyl. 53.
דכא (דכה?) *dakâ* „entbieten" *ad-kê* Cyl. 56.
דלה *daltu* „Thürflügel" *dalâtê* St. 65. Sil. 32.
daltu „verstört" *dal-ḫi* Cyl. 31.
דמרגל* *dim-dim-gal-lum* „Oberbaumeister"(?), Titel
des Dieners Bêls Cyl. 60.
דמר *dimtu* „Säule"(?) *dim-mê* St. 72. — *dimtu*
„Pfeiler" *di-im-tê* Cyl. 44.
דמק *damêktu* „Gnade" *damêk-tim* Cyl. 31. *da-mê-
ek-tê* Cyl. 23. St. 37.
דן *dannu* „stark, mächtig" A. 3. *dan-nu* Cyl. 2.
7. St. 1. 11. B. 2. 15. Sil. 3. G. 3. *dan-nu-tê*
Sil. 35. — *dunnu* „Macht" *dun-ni* Cyl. 30.
דף* *duppu* „Tafel" G. 22. A. 18. *dup-pê* Sil. 20.
dup-pa-a-tê Cyl. 51.
דף *dâpinu* „Schirmherr" *da-pi-nu* Cyl. 22.
דף *duppu* „Brett"(?) *dap-pê* St. 74.
דר *daprânu* „Wachholderholz" *dap-ra-ni* Cyl. 63.
G. 24. A. 16. *dup-ra-ni* St. 61. Sil. 21.
דפשר* *dupšarru* „Tafelschreiber" *dup-šar* Cyl. 59.
דקק *daḳâḳu* „zerschmeissen" *u-dak-ḳi-ḳu* Cyl. 9.
B. 21.
דר *darâḳu* „hoch sein, erheben" *u-šad-ri-iḳ* St.
51. — *durgu* „Hochweg, Weg" *du-ru-ug-šu-un*
Cyl. 10.
דר *dârû* „dauernd" *da-riš* Cyl. 75. St. 102bis.
B. 57. *da-ra-a-tê* Sil. 18.
דאש *dašû* „strolzen" *mu-diš-ša-at* Cyl. 68.
mu-di-ša-at St. 85.

ו.

ו *u* „und" Cyl. 1. 6. 21. 30. 34. 37. 39. 40.
42. 43. 44. 48. 49bis. 50. 51. 53. 54.
58bis. 60. 61. 62. 63. 66. 67. 68. 69. 70.
72. 74. 75bis. 77. St. 2. 10. 26. 35. 53.
62. 81 Var. 84. 86. 88. 89. 93. 96. 97.
99. 102. 105. B. 4. 14. 19. 29. 50. 54
55. 56. 59. Sil. 22. 25. G. 15.
אל *âlu*(?) „annehmen"(?) *u-lu-u-ni* Cyl. 55.
בל *abâlu* „bringen, tragen, richten" *ub-lam-ma*
Cyl. 36. *uš-ta-bil* Cyl. 35. *muš-ta-bil* Cyl. 34.
St. 37. — *biltu* „Steuer" *bil-tu* Cyl. 16. 35.
B. 24.
בל *aklu* „Weiser"(?) *ak-lê* Cyl. 74. St. 96.
B. 54.
ילד *tâlittu* „Geburt" *ta-lit-ti-šu* Cyl. 70. St. 89.
אש *aṣû* „ausgehen" III 1 „ausgehen lassen, berufen" *u-šê-eṣ-ṣu-u* St. 4. B. 6. *u-še-eṣ-ṣu-u*

Cyl. 3. 32. *šu-ga-at* Cyl. 35. — *šitu* „Ausgang, Anfang" *ši-it* Cyl. 11. St. 35. 99. *ši-i-tim* „Anfang, Aufgang" Cyl. 57. *ši-ta-au* Sil. 4. A. 4. *ši-tan* G. 5.

אקר *aḳâru* „theuer sein" *u-ḳa-ri-im-ma* Cyl. 41. -- *aḳru* „kostbar" *aḳ-ru* St. 100.

ארד *ardu* „Diener" *a-rad* Cyl. 61.

ארד *arû* „leiten" *ur-ru* Cyl. 18.

ארח *arḫu* „Monat" Cyl. 58. St. 52. *arḫi* Cyl. 57. St. 49. *araḫ* Cyl. 57. 61. St. 50. *a-ra-aḫ* St. 52.

ארך *arkû* „zukünftig" Sil. 44. A. 22. *ar-ka-a-té* Cyl. 66. St. 84.

ערק *urḳâtu* „Gewächs" *ur-ḳi-tu* Cyl. 35.

ארש *mêrišu* „Begabung" *mé-ri-ši-ju* Cyl. 47.

אשב *ašâbu* „wohnen" *a-šab* St. 102. *a-šib* Cyl. 77. St. 105. *a-ši-bu-tu* St. 93. 98. 101. B. 55. *a-ši-bu-té* Cyl. 72. 75. B. 50. 59. *li-še-ši-bu-šu* Cyl. 77. St. 106. B. 60. *šu-šu-ub* Cyl. 34. 49. St. 37. 46. *šu-šu-ub-šu* Cyl. 46. St. 45. — *šubtu* „Wohnung, Wohnsitz" *šu-bat* Cyl. 28. 49. St. 48. Sil. 12. G. 17. A. 11. *šu-bat-sun* St. 29. — *mâšabu* „Wohnung" *mu-šab* Cyl. 63. St. 63.

אשת *ašṭu* „ausgedehnt, mächtig" *aš-ṭu* Cyl. 10.

אתר *atâru* „übrig sein" *u-ša-té-ru* Cyl. 48.

ז.

זכך *zukku* „Allerheiligstes" *zuk* Cyl. 51.

זכר *zakâru* „nennen, denken" *az-kur* St. 84. *az-ku-ur* Cyl. 67. *az-ku-ra* St. 41. B. 28. Sil. 11. G. 13. *iz-kur* St. 46. *iz-ku-ur* Cyl. 46. — *zikru* „Name, Nennung, Rede" *zik-ri* Cyl. 55. 68. St. 19. 85. *zi-kir* Cyl. 3. 50. 73. St. 4. 94. B. 6. *zi-kir-šu* Cyl. 31.

זכר *zikaru* „männlich" *zi-ka-ru* Cyl. 7. St. 11. B. 15.

זלפ *zaliptu* „Feindseligkeit" *za-lip-té* Cyl. 26. St. 19.

זנן *zanânu* „voll sein" *zu-un-nu-nu* Cyl. 39. 47.

זקת *zaḳâtu* „Gesetz" *za-ḳut-su* Cyl. 6. *za-ḳut-su-nu* St. 10. B. 15.

זקפ *zaḳâpu* „aufrichten, pflanzen" *za-ḳap* Cyl. 34. St. 38. 46.

זקר *zaḳâru* „hoch sein, ragen" *u-zaḳ-ḳir* Sil. 36. *zuḳ-ḳu-ur* Cyl. 49. St. 47. — *zaḳru* „hoch" *zaḳ-ri* Cyl. 65. St. 80. Sil. 26. *zaḳ-ru-té* Cyl. 35.

זר *zîru* „Same" *zir-šu* Cyl. 77. St. 105. B. 59. Sil. 51. G. 40.

ח.

חבל *ḫabâlu* „verderben, schädigen" *ḫa-bal* Cyl. 40. 50. — *ḫibiltu* „Missethat" *ḫi-bil-ti-šu-un* Cyl. 4. B. 9.

חבש *ḫibištu* „Gehölz", viell. auch eine Steinart *ḫi-bi-iš-ti* St. 41. 55.

חגל* *ḫêgallu* „Überfluss" *ḫêgalli-ia* St. 83. *ḫêgalli-šu* Cyl. 67.

חל* *ḫûlu* „böse, schlecht" *ḫu-la-a-té* Cyl. 24.

חזב *ḫizbu* „Fülle, Überfluss" *ḫi-iz-bi* Cyl. 68. St. 85.

חלב *ḫalâbu* „bedecken" *ḫa-lib* Cyl. 7. St. 11. — *taḫlûbu* „Bedachung" *taḫ-lu-bi-šu-un* Sil. 39.

חן(?) *ḫilânu* „Vorhalle" *ḫi-la-ni* St. 68. Sil. 23. *ḫi-la-an-ni* Cyl. 61. B. 36. G. 27.

חלק *ḫalḳu* „Burg" *ḫal-ṣê* Cyl. 24. St. 24.

חלק *ḫalâḳu* II I „vertilgen" *li-ḫal-liḳ* Sil. 51. G. 40.

חמם *ḫa-am-ma-'-ê* ...... Cyl. 25.

חמם *ḫamûmu* „Sphäre" *ḫa-am-ma-mé* Cyl. 9. B. 21.

חשש *ḫasâsu* „sinnen, denken, verständig sein" *ḫa-si-si* Cyl. 38. 48. *ḫissatu* „Gedanke" *ḫi-is-sa-at* Cyl. 48.

חפר *ḫapâru* „graben" *u-ḫap-pir* Sil. 37.

חשב *ḫasbu* „Topf" *ḫas-bat-ti* Cyl. 9. B. 21.

חרי *ḫirû* „graben" *ḫi-ré-ê* Cyl. 46. 55. St. 46.

חרב *ḫarâbu* „wüste sein" *ma-ṣaḫ-rib* Cyl. 15. — *šuḫrubtu* „wüste" *šu-uḫ-ru-ub-tu* Cyl. 36.

חרץ *ḫurâṣu* „Gold" St. 55. 100. Sil. 40. G. 32. A. 18.

חרש *ḫarâšu* „pflanzen"(?) *ḫu-ur-ru-šu* St. 42. — *ḫuršu* „Waldgebirge" *ḫur-ša-a-ni* Cyl. 10.

חשש *ḫušûḫu* „Hungersnoth" *ḫu-šaḫ-ḫi* Cyl. 40.

חת *ḫa-té-ê* ...... Cyl. 42.

חתת *taḫtu* „Niederlage" Cyl. 19. *taḫté* St. 23. *taḫ-té-ê* St. 12. *taḫ-ta-a-šu* Cyl. 17.

חתן *ḫatânu* „schützen, helfen" Cyl. 4. B. S.

ט.

טבח *ṭabâḫu* „schlachten" *u-ṭab-bi-ḫu* Cyl. 29.

טוב *ṭâbu* „gut sein, gefallen" *i-ṭi-ib* Cyl. 55. — *ṭûbu* „Freude" *ṭu-ub* Cyl. 54.

טוד *ṭûdu* „Weg" *ṭu-da-at* Cyl. 11.

טרד *ṭarâdu* „verjagen" *ṭa-rid* Cyl. 24. St. 24.

י.

יד *idu* „Hand, Macht" *i-da-an* Cyl. 24.

ידע *idû* „wissen" *i-du-u* Cyl. 36. *i-di* Cyl. 46. — *mûdû* „verständig" *mu-du-tu* St. 95. B. 52. *mu-du-té* Cyl. 74.

יום *ûmu* „Tag" St. 49. *ûmê* Cyl. 59. B. 18. *ûm* Cyl. 8. St. 50. *ûmê* Pl. Cyl. 54. 71. St. 28. 92. *ûmê-šu-un* St. 39. Sil. 8. A. 7.

ישר *išâru* „gerade sein" *šu-té-šur* Cyl. 50. *muš-té-šir* St. 88. *mu-uš-té-šir* Cyl. 70. *mîšaru* „Gerechtigkeit" *mi-ša-ri* Cyl. 50.

כ.

כבר *kubru* „Grösse" *ku-bur-šu-un* St. 73. — *kibratu* „Himmelsgegend" *kib-rat* Cyl. 2. B. 3. Sil. 5. G. 7. A. 5.

כבת *kabittu* „schwer" *ka-bit-ta* St. 100.

כגל* *kigallum* „grosser Ort, Loch" *ki-gal-lum* Cyl. 36.

קן *kânu* „fest sein" *kânu* „Festigung" *kun-nu*
(Var. *ku-un*) St. 102. II 1 „fest machen,
legen, auflegen" *u-kin* Cyl. 61. 64. St. 57.
74. B. 39. Sil. 44. G. 31. 36. A. 21. *u-ki-nu*
Cyl. 31. *un-kin* Cyl. 61. 68. 71. St. 53.
83. 84. 91. — *kênu* „treu" *kê-e-nu* Cyl. 3.
St. 3. B. 4. *ke-e-nu-um* Cyl. 55. — *kêttu*
„Recht" *kê-te* Cyl. 50. — *kitênûtu* „Rechtsstellung" *ki-tên-nu-tu* Cyl. 5. St. 8. B. 10.

כר(?) *kâru* „Damm" *ka-ra-at-tu* Cyl. 37.

כי *kî* „wie, als, gleich, gemäss" *ki-i* Cyl. 6. 16.
37. 41. 51. 55. St. 10. 31. B. 14. 25.
kîma dass. *ki-ma* Cyl. 9. 21. 44. 50. 62.
St. 25. 35. 58. B. 21. Sil. 35.

כך(?) *kakku* „Waffe" *kakki* Cyl. 27. St. 16.
kakkê-šu Cyl. 7. St. 12. B. 17.

כלה *kalû* „all, Gesammtheit" *kal* Cyl. 6. B. 13.
ka-la St. 21. *káli-šu-un* St. 42. *káli-ši-na*
Cyl. 9. B. 20. *kâlâmu* Cyl. 13. *ka-la-ma*
Cyl. 38. 74. St. 96. B. 53.

כלל *kullatu* „Gesammtheit" *kul-lat* Cyl. 29. 59.
— *kulûlu* „Einfassung" *ku-lul* St. 74. —
kilallan „ringsum" *ki-lal-la-an* Cyl. 31. 66.
St. 82.

כלם *kalâmu* „sehen" *mu-šak-lim* Cyl. 57.

כמה *kamês* Adv. „eingeschlossen, gebunden"
ka-mês Cyl. 77. St. 106. B. 60. — *kamûtu*
„Gefangenschaft" *ka-mu-us-su* Cyl. 19.

כנש *kanâšu* „sich unterwerfen" *kanšu* „unter-
würfig" *kau-šu-tê* Cyl. 30. *mu-šak-niš* St.
13. 27. 29. *mu-šêk-niš* Cyl. 30.

כנש *kiššatu* „Gesammtheit" *kiššati* Cyl. 2. St. 1.
B. 2. Sil. 3. G. 4. A. 3.

כסב* *kasbu* „Doppelstunde, Meile" *kas-bu* St. 35.

כסף *kaspu* „Silber, Geld, Preis" St. 100. *ka-sap*
Cyl. 51. 52. *kaspi* St. 55. Sil. 40. G. 33.
A. 18. *kaspa* Cyl. 51.

כצב (כצב?) *kissu* „Heiligthum, Wohnung"(?)
ki-is-sê-šu-un St. 102. (vgl. IV R 55. 18 b.)

כרב *kirbu* „Mitte" *kir-bu-uš-šu* Cyl. 43. 54. 62.
St. 60. *kir-bi-šu* Cyl. 75. B. 30. 26. Sil. 15.
22. G. 16. 26. A. 13. 17. *kir-bi-šu-un* Cyl.
35. *kir-bi-ši-na* St. 98. *ki-ri-bi-ši-na* Sil. 27.
ki-rib Cyl. 20. *ki-rib-šu* Cyl. 73. St. 42. 95.
B. 52.

כרה *kirû* „Park" St. 41.

כרן *karânu* „Wein" Cyl. 40.

כשד *kašâdu* „erreichen, erobern" *ik-šu-du* Cyl.
15. 26. *tak-šu-du* St. 31. *ka-šid* Cyl. 20.
St. 22. 29. *mu-šak-šid* Cyl. 43. 67. St. 83.
— *kišittu* „Beute" *ki-šit-ti* St. 78.

ל.

לא *lâ* „nicht, ohne" Cyl. 3. 8bis. 11. 25. 30.
35. 36. 40bis. 41. 50bis. 52bis. 56. 72. St.
3. 19. 31. 93. B. 5. 19. 20. *la-a* Cyl. 10.

לאב *lê'û* „verständig" *lê-'i* Cyl. 38.

לאב *lê'û* „stark" *lê-'i* Cyl. 6. 21. B. 13. *lê-'i-ê* Cyl. 50.

לאט₂ *lâtu* „verbrennen" *u-la-i-tu* Cyl. 22.

לבב *libbu* „Herz, Inneres" *libbi* Cyl. 40. *lib-bi* Cyl.
39. 51. 77. St. 31. *libbi-ja* Sil. 9. G. 10.
lib-bi-ja B. 26. *libbi-šu* B. 59. *lib-bi-šu*
St. 105. *lib-bi-šu-un* Cyl. 16. St. 45. *lib-ba-šu*
Cyl. 36.

לבן *labânu* „Ziegel streichen" *la-ba-an* Cyl. 58.
u-šal-bi-na Cyl. 59. St. 51. — *libittu* „Back-
stein" St. 50. *li-bit-ta* St. 52. *libitti* Cyl. 58.
60. *li-bit-tê* Cyl. 60. *libnâtê* Cyl. 58. *lib-na-su*
Cyl. 61. *lib-na-us-su* Cyl. 59. St. 57.

לבש *labâru* „altern" *la-bar* Cyl. 71. St. 92.
la-bi-ru-tê Cyl. 45. St. 43. *mu-lab-bir* Cyl.
71. *mu-šal-bir* St. 90. *šal-bar* Cyl. 75.
B. 56.

לבש *labâšu* „bekleiden, bedecken" *la-a-biš* B. 16.

לי *lu* „es" St. 75.

למד *lamâdu* „lernen" *il-ma-du* St. 46.

למן *limnu* „böse, schlecht, feindlich" *lim-nu* St.
31. *lim-ni* Cyl. 26. *lim-nu-tê* St. 18.

למש *lamassu* „Stierkoloss" *lamassê* St. 75.

לקח *lakâtu* „wegraffen" *lil-ku-tu* Cyl. 77. St. 105.
B. 60.

לשן *lišânu* „Zunge, Sprache" Cyl. 72. *li-ša-nu*
St. 92. *li-šu-un* St. 67.

מ.

מ *ma* Satzverbinder und Partikel der Hervor-
hebung Cyl. 3. 6. 8. 9. 10. 11. 16. 17.
18. 19. 20. 21. 23. 29. 31. 33. 36bis. 37.
38. 40. 41. 43. 45. 46bis. 47. 49. 51. 53.
55. 56bis. 60. 61. 63. 64. 65. 66. 70. 73.
75. 76. 77. St. 4. 9. 20. 23. 27. 31. 34.
36. 39. 40. 41. 45. 48. 51. 56. 63. 66. 71.
74. 76. 75. 80. 82. 90. 95. 99. 101. 103.
101. 105. B. 5. 14. 19. 21. 24. 27. 48.
56. 57. 58. 60. Sil. 6. 8. 10. 15. 17. 22.
27. 28. 31. 37. 43. 46. G. 5. 12. 20. 28.
30. 35. A. 6. 7. 10. 17. 21. 23.

מאד *mâdu* „viel" *ma-'a-diš* Cyl. 55.

מאה *mê* „hundert" Cyl. 45.

מאץ *mâ'u* „stark, mächtig"(?) *ma-a-'i* Cyl. 30.

מאר *mâru* „senden, regieren" *u-ma-'-ir-šu-nu-tê*
Cyl. 74. St. 97. B. 54. *mu-ma-'-ir* Cyl. 59.

מגר *magâru* „günstig sein, begünstigen" *im-gur-u*
Cyl. 75. B. 56. — *migru* „Günstling" *mi-gir*
Cyl. 2. St. 2. B. 3. — *mitgaru* „günstig"
mit-ga-ri St. 50.

מוש *mûšu* „Nacht" *mu-šu* Cyl. 43. St. 48. *mu-ša*
Cyl. 49.

מית *mûtu* „Tod" *mu-u-ti* Cyl. 29.

מזכן* *muzukânu* s. זכן.

מהה *mahû* „gross" *mah-hu* St. 44. *mahhê* St. 75.

מהץ *mahâsu* „zerschlagen" *mundahsu* „Krieger"
mun-dah-sê-šu St. 33.

מהר *mahâru* „entgegentreten, vorn sein, empfan-
gen" *am-hur* St. 100. *li-im-ma-hi-ir* St. 101.
— *mahru* „vor, früher, Vorderseite" *ma-har*
Cyl. 18. *mah-ru-tê* Cyl. 36. — *mihru* „vor,
für, gegen" *mi-hir* Cyl. 52. — *mêhritu* „vor,

88 Glossar.

gegenüber" *mê-êḫ-ri* Cyl. 53. 64. 66. St. 69. 52. B. 37. G. 29. — *mitḫartu* „übereinstimmend" *mit-ḫar-ti* Cyl. 72. St. 93. — *maḫiru* „Preis" Cyl. 41. — *tamḫaru* „Streit, Kampf" *tam-ḫa-ri* Cyl. 21.
מי *mê* „Wasser" Cyl. 37.
מלא *malû* „voll sein" *ma-lu-u* Cyl. 47. St. 72. — *mâlu* „alles" *mâl* Cyl. 72. B. 50. *ma-la* St. 93.
מלך *malku* „Fürst" *mal-ku* Cyl. 5. *ma-lik-šu-nu* Cyl. 23. *mal-kê* Cyl. 6. 45. St. 43. 99. B. 13. *ma-li-kê* St. 17. — *malku* „Rath" *mil-ki* Cyl. 38.
מנמא *minmma* Pron. indef. G. 20.
מנו *manû* „rechnen, zählen" *im-nu-u* St. 23. *im-nu-šu-nu-ti* St. 21. — *mînu* „Zahl" *mi-na* Cyl. 10.
מסך *masûku* III 1 „wegschaffen" *u-šam-su-ku* Cyl. 76. St. 104. B. 58.
מסכנו* *musukânu* „Palmenholz" *mu-suk(zuk)-kan-ni* Cyl. 63. St. 61. 65. Sil. 33. *mu-suk-ka-ni* A. 15. *mu-suk-kan* Sil. 20. *mes-mu-kan-na* B. 44. *mes-ma-kan* G. 23.
מצר *miṣru* „Gebiet" *mi-ṣir* Cyl. 12. 30. St. 27.
מקת *maḳâtu* „fallen" *šum-ḳut* Cyl. 7. St. 11. B. 16.
מר *mâru* „Kind, Sohn" Cyl. 59.
משה *mašû* „vergessen" *im-šu* Cyl. 23.
משה *mašû* „berühren" *u-maš-si* St. 45. *u-maš-ši-i* Cyl. 46.
משחת *mišêḫtu* „Maass" *mi-šê-êḫ-tê* Cyl. 65. St. 80. B. 45.
משך *mašku* „Haut" *ma-šak* Cyl. 25.
משל *mašâlu* „ähnlich sein" *tamšil* „nach Art von" *tam-šil* St. 41. 67. B. 37. Sil. 23. G. 28. *ta-an-ši-il* Cyl. 64.
מת *mâtu* „Land, Thal" *mât* Cyl. 13. St. 68. *ma-at* Cyl. 39. *mâti* Cyl. 72. 77. St. 105. B. 50. 60. Sil. 51. G. 40. *ma-a-ti* St. 93. *mâti-ja* Cyl. 41. *mâtâtê* Cyl. 9. 31. B. 20. *mâtâtê-šu-nu* St. 19. 27.
מתל *mêtlu* „Gewalt"(?) *mê-til* Cyl. 73. St. 94.

נ.

נא *nâdu* „erhaben" *na-'i-id* Cyl. 1.
נארו* *nâru* „Kanal, Strom" *nâri* Cyl. 55. *nâri-šu* Cyl. 46. St. 46.
נב *na-bê* . . . Cyl. 55.
נבא* *nabû* „heissen, nennen" *am-bi* Cyl. 65. St. 86. *ab-bi* A. 11. *im-bu-in-ni* Cyl. 50. *na-bu-u* Cyl.58. — *nibîtu* „Name, Nennung" *ni-bit* Cyl. 65. 69. St. 87. B. 47. Sil. 42. G. 34. A. 20. *ni-bit-su* St. 41. B. 28. St. 12. G. 13.
נבאו* *namba'u* „Quelle" *nam-ba-'ê* Cyl. 44. St. 30.
נב *nagû* „offenkundig"(?) Cyl. 38.
נג *nagû* „Bezirk, Distrikt" *na-gê-ê* St. 28.
נד *nadû* „werfen, legen, gründen, errichten" *ad-di* Cyl. 61. St. 56. B. 30. Sil. 15. G. 16. A. 13. *id-du-u* Cyl. 9. B. 22. *na-du-u* Cyl.

44. — *nadû* „verfallen" *na-du-tê* Cyl. 34. St. 38.
נ *nadânu* „geben" *ad-din-šu-nu-ti* Cyl. 52. — *mâditu* „Tribut" *ma-di-at-tu* Cyl. 16. B. 24.
נח *nâḫu* „ruhen" *un-ni-ḫu* B. 20. *mu-ni-iḫ-ḫu* Cyl. 5.
נו *nûnu* „Fisch" *nu-u-ni* Cyl. 21. St. 25. 35.
נו *nûru* „Joch" *ni-ri* Cyl. 33. *ni-ir* St. 15.
נז *nazâzu* „sich niederlassen" *šu-zu-zi* Cyl. 42. *šu-zu-zi-im-ma* Cyl. 36.
נחל *naḫlu* „Bach" *na-ḫal* Cyl. 13.
נחש *naḫšu* „Segen" *nu-uḫ-ši* Cyl. 37.
נכ *nikiltu* „Kunst" *nik-lat* St. 26. *nik-la-a-tê* Cyl. 47. *nak-liš* St. 76. Sil. 17.
נכר* *nakâru* „anders sein" *u-nak-kar-u* Cyl. 76. *u-nak-ka-ru* St. 103. *u-na-kar-u* B. 57. *mu-nak-kir* Cyl. 28. Sil. 49. G. 37. — *nakru* „Feind" *nakri* Cyl. 32. *nakri-šu* Cyl. 77. St. 106. B. 60. *na-ki-rê* Cyl. 7. 29. St. 12. B. 11.
נמ *namû* „sich senken, niederlassen" *mu-nam-mi* Cyl. 22. — *namû* „Niederlassung" *na-mê-ê* Cyl. 34. St. 37.
נמ *namru* „glänzend" *nam-ri* St. 65. 71. — *namûru* „Glanz" *na-mur-ra-tê* Cyl. 7. St. 11. B. 16. — *namrîru* „Glanz" *nam-ri-ri* St. 72.
נ* *nin* Pron. indef. „alles" St. 100. 101.
נ(?) *nûnu* „Wort"(?) *nu-un-nu-uš-šu-un* Cyl. 56. *nin*(?) . . . Cyl. 38.
נ *namsar-rê-êš* „Mondgott gleich" Sil. 29.
נ *nisû* II 1 „verpflanzen" *mu-ni-is-si* Cyl. 23.
נס *napâsu* „verpflanzen, herausreissen" *na-siḫ* Cyl. 18. *na-si-iḫ* Cyl. 25. St. 26. 32.
נסך *nisakku* (*nisâku*) „Fürst" Cyl. 1. B. 1. Sil. 2. G. 2. A. 2. — *nasiku* „Fürst" *na-sik-šu-nu* Cyl. 18.
נס *nisiktu* „Glas"(?) *ni-siḫ-ti* St. 55.
נס *napâšu* „an sich reissen" *na-pi-'i* Cyl. 26. St. 24.
נס *napâsu* „Wolle" *na-pa-si-iš* Cyl. 25.
נס *napištu* „Leben" *na-piš-tuš* Cyl. 27. St. 17.
נצ *naṣâru* „schützen, wahren" *na-ṣar* Cyl. 50. *na-sir* Cyl. 71. St. 70.
נק *naḳbu* „Quelle" *na-ḳab* Cyl. 11. *nak-bê-šu* Cyl. 70. St. 88.
נק *naḳû* „opfern" *aḳ-ḳi* Cyl. 60. — *niḳû* „Opferlamm" Cyl. 60.
נר* *nêr* „sechshundert" Cyl. 65. St. 70. 79. B. 47.
נרב(?) *nirba* „Korn" Cyl. 41.
נרגל* *nêrgal* „Löwenkoloss" *nêrgalê* St. 70. 73.
נר* *narû* „Steintafel" *narê-ja* Sil. 47. A. 24. *narâ-šu* Sil. 46. A. 23.
נש (נש) *nišu* „Volk" *nišê* St. 20. *nišê-šu* Cyl. 69. St. 87. *nišê-šu-un* Cyl. 5. St. 5. B. 12.
נש *našû* „tragen" *iš-ša-a* St. 36. *niš* Cyl. 60. *ni-šit* Cyl. 1. *at-ta-ši* Cyl. 54. 60. *u-ša-aš-ši* Cyl. 56. *šu-uš-šê-ê* Cyl. 35.
נש *našâku* „fassen, tragen" *mu-ša-aš-šik* St. 6. *mu-ša-aš-ši-ik* Cyl. 5. B. 11.

ס.

ס‍ג si-gar Ideogramm = šigâru „Verschluss"
si-gar-ši-in St. 77.

סום sâmu II 1 „auszeichnen" u-si-mu Cyl. 33.
sîmat „Auszeichnung, Insignie" si-mat Cyl.
39. 42. St. 100. si-mu-té-ja Cyl. 76. St. 104.
Sil. 50. G. 39.

סחה saḫû „wegraffen" u-saḫ-ḫu-u Cyl. 76. St.
103. B. 58.

סחר saḫâru „ringsumschliessen" u-saḫ-ḫir Sil. 29.
u-sa-as-ḫi-ra St. 79. — siḫirtu „Umfang"
si-ḫir-ti-šu Cyl. 13.

סכפ askuppu (askûpu) „Schwelle" askuppê B.
39. as-kup-pê St. 77.

סל(?) sil-la-an „Niedergang"(?) Sil. 5. G. 6. A. 5.

סלה salâḫu „begiessen, besprengen" is-lu-ḫu Cyl.
29.

סמך simâku „Heim"(?) si-ma-ak Cyl. 43.

סכר sakâru „denken, sprechen" as-kir Cyl. 49.
St. 48.

סנד sa-an-da-niš . . . Adv. Cyl. 21.

סנק sunḳu „Mangel" su-un-ḳi Cyl. 40.

סף suphu „aufgelöst" sa-ap-ḫi Cyl. 31.

ספן sapânu „bedecken, überwältigen" sa-pi-in
Cyl. 29. St. 21. — sapnu „Bedeckung"
sa-pan St. 33.

ספר siparru „Kupfer" Cyl. 51.

סרק sarâḳu „ausgiessen" as-ru-ḳu Cyl. 60. —
sirḳu „Libation" sir-ḳu Cyl. 60.

סתת(?) sittu „Rest" si-it-ta-šu-un Cyl. 20.

פ.

פגר pagru „Leiche" pagrê St. 33.

פד tapdû „Niederlage" tap-dé-é St. 30.

פ‍ pû „Mund, Wort, Rede" pa-a Cyl. 73. St.
95. pi-i Cyl. 51. pi-ja Cyl. 55.

פחר paḫâru „sich versammeln" mu-pa-ḫir Cyl.31.

פד pâdu „ringsumschliessen, fesseln" i-pi-du
Cyl. 18.

פל pêlu „Quader" pé-lé St. 77. pé-é-lé B. 39.
pé-êl-šu St. 56.

פר pîru (nicht sûsu) „Elefant" Cyl. 63. St. 60.
Sil. 19. G. 22. A. 14.

פל palû „Regierungsjahr" palê Cyl. 71. pa-lê-é
St. 90. palê-ja St. 102.

פלה palâḫu „fürchten" pa-laḫ Cyl. 74. St. 96.
B. 54. — puluḫtu „Furcht" pu-luḫ-ti-šu
Cyl. 27. St. 16.

פלך palku „weit, mächtig" pal-ki Cyl. 47. pal-kê-ê
Cyl. 59. pal-ka-a-té Cyl. 48.

פלנג pulungu „Bezirk" pu-lu-un-gê-šu-un Cyl. 24.

פן pânu „Gesicht" pa-nu-šu-nu Cyl. 52.
pa-nu-uš-šu-un St. 101. pa-ni-šu-nu Cyl. 26.

פ‍ר(?) pa-a-ri . . . . Cyl. 33.

פר‍ parû „durchbrechen" mu-par-ri-'i Cyl. 22.

פרך parakku „Heiligthum" pa-rak Sil. 18.
pa-rak-kê Cyl. 22. St. 57. B. 28. G. 21.

פרמך* paramâḫu „Heiligthum" para-maḫ-ḫê Cyl.
49. St. 47.

צ.

צ‍ר‍ šîru „erhaben" šir-té Cyl. 63. St. 63. šîrûté
Cyl. 55. — šîru „Rücken", als Präp. „auf,
über, gegen", ṣi-ru-uš-šu Cyl. 64. St. 78.
B. 39. G. 32.

צ‍ר‍ šîrû „hingestreckt"(?) šir-ré-é-tu (Var. té)
Cyl. 9. šir-ré-é-té B. 22.

צב‍ šâbu „Krieger" šâb Cyl. 72. St. 94. B. 50.
ṣa-ab („Krieger oder Wille?") Cyl. 6. St. 10.
B. 14.

צב‍ šîbû „begehren" ṣi-bu-u Cyl. 52.

צב‍ ṣabâtu „nehmen, greifen, fassen" u-ša-aṣ-bi-ta
St. 76.

צדד ṣaddu „Schlinge, Fallstrick" ṣa-ad-dé Cyl. 57.

צל‍ ṣilû „Seite" ṣi-lé Cyl. 66. St. 82.

צלל ṣalâlu „decken" u-ṣal-lil Sil. 31. — ṣulûlu
„Schatten" ṣalûlu-šu Cyl. G. St. 9. B. 13.—
ṣulûlu „Bedachung, Schutzdach" ṣu-lu-luSt.54.

צלם ṣalmu „schwarz" ṣal-mat St. 53.

צפ‍ ṣippatu „Wache" ṣi-pit-té Cyl. 74. St. 96. B.53.
ṣippatu eine Rohrart ṣip-pa-a-té Cyl. 43.
St. 38. ṣip-pa-té-šu St. 46.

צרפ ṣarâpu „färben" iṣ-ru-pu Cyl. 25.

צרר ṣurru „Herz, Geist" ṣur-ru-uš Cyl. 35.

ק.

קב‍ ḳibû „befehlen, nennen" aḳ-bi Cyl. 43. 49.
70. St. 49. 90. iḳ-bu-u-ni Cyl. 55. lik-bu-u
St. 102. — ḳibîttu (ḳibîtu) „Befehl, Geheiss,
Gebot" ḳi-bit Cyl. 47. ḳi-bi-ti Cyl. 75. B. 56.
ḳi-bi-ti-šu-nu Cyl. 63. St. 62.

קבל ḳablu „Mitte, Treffen, Kampf" ḳabal Cyl. 21.
St. 25. 25. 35. ḳab-li Cyl. S. B. 19.

קפ‍ (ס‍פ‍) šu-ḳu-up-pê (spr. šuḳûpê) Inf. III 1
„einsetzen". — ḳêpu „Stadtoberst" ḳêpû-šu-nu
Cyl. 33.

קפד ḳapâdu „planen" aḳ-pu-ud Cyl. 43. 49. St.
48.

קצר ḳaṣâru „fügen, wahren" aḳ-ṣur Sil. 39.

                                                    12

ka-sir Cyl. 5. St. S. B. 9. — kisru „Macht"(?)
ki-sir Cyl. 62. St. 58. ki-iṣ-rat Sil. 35.
קדד kakkadu (aus kadkadu) „Kopf" St. 53.
כרא¹ karû „rufen, anbeten" ak-ré-é St. 99.
כרב² kirubû „Boden" ki-ru-bé-é Cyl. 34. St. 38. —
ikribu „Gebet" ikribé-šu Sil. 48. ik-ri-bé-šu
A. 25.
כרד karâdu „der Starke, Held" ḳar-du Cyl. 17. —
karradu dass. ḳar-rad Cyl. 57. — ḳitrudu
dass. ḳit-ru-du Cyl. 25.
כרם karâmu „aufhäufen" u-ḳar-ri-mu St. 34. —
ḳarûmu „Haufe" ḳa-ru-un-niš Adv. St. 34.
קד kâtu „Hand" ḳâti Cyl. 60. ḳa-ti Cyl. 54.
ḳâti-ja St. 101. B. 57. Sil. 49. G. 38.
ḳa-ti-ja Cyl. 69. 76. St. 78. 87. 108.
ḳa-a-su Cyl. 15. 26. ḳa-as-su St. 32.
קתת ḳatû „vollendet sein" u-ḳat-ta-a Cyl. 27. St.
17. u-ḳat-tu-u St. 98.

ר.

ראש¹ rêšu „Vordertheil" ré-é-šé Cyl. 66. St. 81.
    — rêštu „Spitze, Erstling" ré-šé-é-té Cyl.
3. St. 5. B. 6. ré-šé-é-té-ša Cyl. 40.
ראב² râbu II 1 „auflösen" mu-ri-ib Cyl. 19.
רבב² rêbitu „Vorstadt" ré-bit Cyl. 17. 44. A. 8.
ré-bit-Ninâ B. 27. Sil. 9.
רטף² râṭu „Behältniss" ra-ṭé-šu-ut Cyl. 39.
רחק râḳu „fern" râḳûté Cyl. 71. ru-ḳu-té Cyl. 14.
St. 92.
רעא⁴ ré'û „weiden, regieren" ir-té-'-u Cyl. 72. St.
93. B. 50. — ré'u „Hirte" ré-é-um Cyl. 3.
St. 3. B. 4.
רבה rabû „gross sein oder werden" ir-bu Cyl. 38.
mu-šar-bu-u Cyl. 30. — rubû „Fürst" Sil.
44. A. 22. — rabû „gross" Cyl. 2. 43. St.
1. B. 2. Sil. 51. G. 39. rabâ St. 33. rabûté
Cyl. 2. 43. 49. 50. St. 2. 47. 64. 77. 98.
B. 3. 30. 59. Sil. 14. A. 12. rabi-tum Cyl.
15. 26. St. 32. rabi-té Cyl. 27. St. 16. Sil.
17. 37. G. 18.
רבע¹ arba'é „vier" A. 5. arba-é B. 3. 22. 49.
Sil. 6. G. 7. ar-ba-é Cyl. 2. 9. 72. St. 92.
ir-bit-ti St. 76.
רבץ narbaṣu „Niederlassung" nar-ba-ṣu St. 36.
רגג riggu „böses, Unrecht" ri-ga-a-té Cyl. 52.
רגל* rig-li . . . , Cyl. 40.
רום râmu „hoch sein" u-rim G. 20. mu-rim Cyl.
67.
רטב raṭubtu . . . . . ra-ṭu-ub-té Cyl. 61. narṭabu
„Bewässerungskanal" Cyl. 36.
רכס rakâsu „binden" u-rak-kis St. 66.
רמה ramû „wohnen" ir-mu-u G. 21. u-šar-mu-u
Cyl. 20. u-šar-ma-a Cyl. 73. St. 95. B. 21.
Sil. 18. — rimêtu „Wohnung" ri-mé-ti-ši-na
St. 54.
רמה armaḫu „Schanze"(?) ar-ma-ḫé Cyl. 22.
רמן (רום?) ramânu „selbst" ra-ma-ni-ši Cyl. 27.
St. 17.
רפש rapâšu „weit, ausgedehnt sein" mu-rap-pi-šu

Cyl. 24. mu-rap-pi-šat Cyl. 70. St. 89. —
rapšu „weit, ausgedehnt" rap-ši Cyl. 19.
rapaš-tum Cyl. 13. ra-pa-aš-tum Cyl. 39.
רשא² rašûu „mächtig sein" ra-ši-bat „Machthaberin" Cyl. 51. — rašbu „mächtig, präch-
tig" ra-aš-bu-té St. 57.
רשד rašâdu „gründen" u-šar-šid Sil. 28.
u-šar-ši-du Cyl. 65. St. 81. B. 41. 49.
šur-šu-du Cyl. 62. St. 58. — rašdu „festgegründet" ra-aš-du-té Cyl. 62. B. 28.
רשה rašû „sein, haben" ra-šé-é Cyl. 40.
רתת⁴ ritû II 1 „errichten, aufrichten" u-rat-ti Sil.
34. u-rat-ta-a St. 66.

ש.

ש ša (urspr. šâ) Relativpronomen und Genitiv-
partikel Cyl. 3. 6. 7. 8. 9. 10. 11. 14. 16.
17. 18. 19. 20. 21. 22. 23. 25. 26. 27.
28. 29. 31. 32. 33. 34. 35. 36. 38. 44.
45bis. 47. 48. 50. 52. 58. 59. 60. 62. 67.
68. 69. 70. 73. 76. St. 3. 9. 11. 15. 19.
22. 25bis. 27. 28ter. 29. 30. 31. 33. 35bis.
37. 39. 41. 43bis. 53. 58. 67. 71. 75. 84.
86. 88. 89. 94. 99. 103. B. 4. 13. 16. 18.
22. 25. 57. Sil. 4. G. 5. A. 4.
שאר¹ šâru „Wind" šârê Cyl. 69. St. 82. ša-a-ré
שבע nisbû „Sättigung" niš-bé-é Cyl. 39.
שבר šubâru „Schaden" šu-ba-ré-é Cyl. 4. St. 5.
B. 7.
שבר* šibirru „Streitaxt(?), Stab(?)" ši-bir-ri-ja Cyl.
73. St. 94.
שגל* šigallu „weitblickend" šigalli Cyl. 59.
שדד šiddu „Seite" ši-id Cyl. 67. 68. 69. 70. St.
84. 86. 88. 89.
שדה šâdû „Berg" šâ-dê Cyl. 44. 65. 72. St. 40.
42. 75. 80. 93. B. 27. 48. 50. Sil. 10. 25.
26. G. 11. A. 9. šad-dé St. 75. Pl. šâdê
Cyl. 32. Adv. šâdêš(!) Sil. 28. — šâdû
„Osten" šâdé Cyl. 67. St. 84.
שו (שאו?)šûtu „Süden" šûti Cyl. 70. St. 90.
שו šu-ut(!) St. 70.
שפו šêpu „Fuss" šêpi Cyl. 44. St. 39. B. 26.
Sil. 9. G. 10. A. 8.
שטר šaṭâru „schreiben" aštur A. 21. aš-ṭur Sil.
43. G. 35. iš-ṭu-ru Cyl. 6. St. 10. B. 15.
lišṭur A. 23. liš-ṭur Sil. 46.
שא* šê „Getreide" Cyl. 40.
שחה šiḫu „aufwachsen" i-šé-é-ḫu Cyl. 38. —
šutâḫu „gewachsen, schlank" šu-ta-ḫu-té St.
72.
שם šâmu „setzen, bestimmen" ša-a-mi Cyl. 41. —
šimu „Preis" Cyl. 42. — šimtu „Bestimmung"
ši-mat Cyl. 58. — ša-a-a-ma-nu-té Cyl. 51.
šaimânitu „Werthbe-
stimmung"
שכב(?) u-šak-ki (u-šaḳ-ḳi) Cyl. 53.
שכן šakânu „setzen, machen" aš-kun Cyl. 65. 69.
St. 80. 88. 99. B. 48. išku-nu Cyl. 19.
iš-ku-nu Cyl. 17. 34. St. 23. 38. liš-kun

Sil. 48. A. 24. *ša-kin* Cyl. 4. St. 5. 12. 30.
B. 7. Perm, *šak-nu* Cyl. 52. *iš-tak-ka-nu*
Cyl. 16. St. 20. B. 24. Sil. 7. G. 8. A. 6.
šit-ku-nu St. 36. *šit-ku-nat* St. 29. *u-ša-aš-kin*
Cyl. 73. St. 95. — *šaknu* „Statthalter" B. 1.
Sil. 2. G. 2. A. 2. *ša-ak-nu* Cyl. 1. *šaknûtê*
St. 20. *šak-nu-tê* Cyl. 16. B. 23. Sil. 7. G.
9. A. 7.

שכנך *šakknnâku* „Machthaber" St. 2.

שלה *šalhû* „Wall" *šal-hu-šu* St. 92. *šal-hu-u-šu*
Cyl. 71.

שלל *šalâlu* „wegführen" *aš-lu-la* Cyl. 73. St. 94.
ša-lil Cyl. 18. 27. St. 17. *šallatu* „Beute"
šal-la-ti-iš St. 23.

שלם *šalâmu* „vollendet sein" II 1 „vergelten, gelingen lassen" *mu-šal-lim* Cyl. 69. St. 86.
mu-šal-li-mu Cyl. 4. B. 9. — *šulmu* „Vollendung, Untergang" St. 29.

שם *šumu* „Name" *šu-mu* St. 84. 89. *šumi-ja*
Cyl. 65. B. 47. Sil. 43. G. 35. A. 20.
šu-mi-ja Cyl. 50. *šum-šu* Cyl. 58. 77. St.
105. B. 29. Sil. 51. G. 40. A. 11. *šunnê-šu*
Cyl. 3. B. G. *šu-mê-šu* St. 4. *šumê* Pl. Cyl.
67. 70.

שמא *šêmû* „hören" *šê-mê-ê* St. 49. *iš-mê* St. 34.
išême A. 25. *i-šim-mê* Sil. 48.

שמה *šamû* „Himmel" *šamê* Cyl. 57. 75. B. 55.

שמה *šamâhu* „gedeihen" *mu-šam-mê-hat* Cyl. 69.
mu-šam-mê-ha-at St. 87.

שמן *šamnu* „Öl" *šamnê* Pl. Cyl. 41.

שמש *šamšu* „Sonne" *šamši* Cyl. 14. St. 29. 35.
99bis.

שמשם *šamaššammê* „Sesam" Cyl. 41.

שנן *šanânu* „gleichkommen" *ša-na-an* Cyl. 3.
St. 3. B. 5.

שנן *šinnu* „Zahn" *šin* Cyl. 63. St. 60. Sil. 19.
G. 22. A. 14.

שנן *šin-nu-at* .... Cyl. 38.

שסה *šasû* „sprechen" *i-ša-aš-su-šu* St. 68.
šul-sê-ê Cyl. 36.

שסש *ša-si-iš* .... Cyl. 32.

שפל *šapâlu* „niedrig sein" *mušpêlu* „beugbar"
muš-pê-ê-lu Cyl. 56. — *šaplu* „das Untertheil" *šapal* Cyl. 77. St. 106. B. 60. *šap-liš*
Cyl. 37.

שפר *šapâru* „senden, regieren" *il-ta-nap-pa-ru*
Cyl. 45. St. 44. — *šipru* „Arbeit, Kunst"
ši-pir St. 71. 97. — *šâpiru* „Schriftgelehrter" *ša-pi-rê* Cyl. 74. St. 97. B. 54.

שפרשלה *šuparšalhu* „Oberst, General" *šu-par-šak-ê-šu*
Cyl. 16. St. 20. B. 23.

שקה *šaķû* „trinken" *šu-uš-ķê-ê* Cyl. 37.

שקף *šuķûpê* s. קף.

שרם *šarâmu* „vertilgen" *ša-a-ķiš* Cyl. 30.

שר* *šar* „3600" Cyl. 65. St. 70. 79. B. 47.

שרא *šêr'u* „Getreide, Halm" *šer-'a* Cyl. 36.

שרה *Tišrîtu* „Monat Tischri" *Tišrîti* St. 98.

שרה *šarâhu* „gewaltig sein" *u-šar-ri-hu* Cyl. 31.
šu-ur-ru-uh Cyl. 42.

שרם *šurmênu* „Cypressenholz" *šurmêni* Cyl. 63.64.
St. 61. 65. B. 38. Sil. 21. 30. G. 21. 31.
A. 16.

שרק *šarâķu* „schenken" *iš-ru-ķu-in-ni* Cyl. 75
B. 57.

שרר *šarru* „König" Cyl. 2bis. S. 22. 34. St. 1bis.
36. B. 2bis. 18. Sil. 3. 4. G. 3. 5. A. 4.
šar Cyl. 2ter. 17. 18. 23. 24. 27. 38. 47.
St. 1bis. 2. 23. 24. 31. 31. B. 2. 3. Sil.
3bis. G. 4bis. A. 3bis. *šarri* Cyl. 42. 71. 74.
St. 90. 96. B. 54. *šarra-šu-nu* Cyl. 22.
šarrâni Cyl. 36. 48. St. 28. — *šarrûtu*
„Königthum" *šarrû-tu* Cyl. 3. 31. St. 3.
[*šar-ru-]tu* B. 5. *šar-ru-ut* St. 31. *šarrû-ti*
Cyl. 39. *šarrâ-ti-ja* Cyl. 63. *šar-ru-ti-ja*
St. 63.

שרש *šuršu* „Wurzel" *šur-uš* Cyl. 25. St. 32.

שש* *šâš* „60" Cyl. 65. St. 70. 79. B. 47. Sil. 38.

שש *šâšu* Pron. demons. „jener" *ša-a-šu* Cyl.43.
49. 51. 75. St. 47. 101. B. 55. Fem. Pl.
šu-ti-nu St. 100.

שתק *maltaktu* „Arbeit"(?) *mal-tak-ti* St. 71.

ת.

תאת *tê'ûtu* „Nahrungsmittel" *tê-'-u-tu* Cyl. 39.

תאם *tu'âmê* „Zwillinge" *tu-'-a-mê* St. 70.

תאם *tâmtu* „Meer" *tam-ti* St. 28. 34. *tam-tim*
Cyl. 21. St. 25. 35. *ti-âmat* Sil. 25.

תבא *tibû* „heranziehen" *šu-ut-bu-u* Cyl. 7. St. 12.
B. 17.

תבך *tibķu* ein Längenmaass *ti-ib-ķê* Sil. 38.

תור *târu* „wenden" II 1 „geben, zurückgeben"
u-tir Cyl. 51. *u-têr-ra* St. 27. *mu-tir* Cyl.
24. St. 24.

תכל *takâlu* „vertrauen" *at-ta-ki-il* Cyl.56. *it-tak-lu*

תלא *tillinu*(?) *ti-il-li-nu* Cyl. 39.

תלם *talâmu* III 1 „übergeben" *u-šat-li-mu-šu*
Cyl. 3. St. 4. B. 5. — *talîmu* „leiblicher Bruder" *ta-li-ma-ni* Cyl. 53.

תם *atmû* „Wort, Rede"(?) *at-mu-u* Cyl.40.*at-mê-ê*
Cyl. 72. St. 93.

תמן* *têmênu* „Grundstein, Eckstein" *tê-mê-ên* Cyl.
61. 71. 53. 91. *tê-mê-ên-šu* Cyl. 65.
B. 19. *tê-êm-mê-ên-šu* St. 81.

תן* *ta-a-an* Partikel hinter Cardinalzahlen Sil. 38.

תקא *taķû*(?) „treffen"(?) *it-ķa-an-ma* Cyl. 20.

תקם *tuķumtu* „Widerstand" *tuķ-ma-tê* St. 25.

תקן *takânu* „fest, sicher sein" *mu-ta-ķi-in* Cyl. 31.

תרר *tarâṣu* „gerichtet, gestellt sein" auch trans.
„richten, stellen, legen" *it-ru-ṣa* Cyl. G. B.
14. *it-ru-ṣu-u* St. 9. *u-šat-ri-ṣa* St. 56. 64.

תשל(?) *tušiltu* „Einweihung" *ta-šil-ta-ši-na* St. 99.

תשם(?) *tašimtu* „Klugheit" *ta-šim-ti* Cyl. 38. *ta-šim-ta*
Cyl. 47.

Eigennamenverzeichniss.

Abkürzungen: m. = männlicher Personenname, L. = Land, S. = Stadt.

Abitikna S., *A-bi-ti-ik-na* Cyl. 2S.
Ada m., *A-da-a* Cyl. 33.
Adnana (*Atnana?*) Insel Cypern, *Ad-na-na* St. 2S.
Adar Gott, Cyl. 62. 71. St. 59. 91. B. 29. Sil. 13.
G. 15. A. 12.
Akkad L., St. 2.
Allabrá'a n. gent., *Al-lab-ra-a-a* Cyl. 32.
Amatté Hamath, *A-ma-at-té* Cyl. 25. St. 18.
Ambaris m., Fürst von Bit-Burutas, *Am-ba-ri-is* Cyl. 23.
Anú Gott, *A-nu* Cyl. 69. St. 56. *A-nim* Cyl. 1. 6.
5S. 69. St. 10. 87. B. 14.
Andia L., *An-di-a* Cyl. 29. St. 13.
Asdûdu Asdod, *As-du-du* St. 1S.
Ašûr Gott, Cyl. 1. 3. 33. 71. 73. 77. St. 3. 15.
90. 94. B. 4. 59. Sil. 2. 4S. 50. G. 3. 39.
A. 25. — *Aššûr* L., Cyl. 2. 30. 39. 45. 74.
St. 1. 20. 27. 44. 95. 98. B. 2. 52. Sil. 3.
G. 4. A. 3. — *Aššûr* S., Cyl. 5. 19. St. 8. B. 10.
— *Aššûrê* n. gent., Assyrer, *Aš-šu-rê* Cyl. 16.
B. 25.
Ašûrlê'i m., Stadtoberst von Kar'alla, *A-šur-lê-i* Cyl. 33.

Éa Gott, Cyl. 5S. 62. 70bis. St. 5S. 8S. 89. B. 29.
Sil. 12. G. 14.
Élamtu Elam, *É-lam-tê* Cyl. 12. 17. — *Élamû* n. gent. der Elamit, St. 13.
Éltipi L., *Él-ti-pi* Cyl. 14. 31. St. 14.
Érúlu S., St. 6.

Ibâdidi Stamm, *I-ba-di-di* Cyl. 20.
Itubi'di m., *I-tu-bi-i'-di* Cyl. 25.
Ištar Göttin, *Iš-tar* Cyl. 69bis. St. 87. 8S.
Itti m., *It-ti-i* Cyl. 32.

Upiri m., König von Dilmun, *U-pi-ri* St. 34.
Uru S., St. 6.
Urarṭu L., *Ur-ar-ṭu* Cyl. 15. *Ur-ar-ṭi* Cyl. 23.
27bis. St. 15. — *Urarṭá'a* n. gent., *Ur-ar-ṭa-a-a* St. 16.
Ursá m., König von Urarṭu, *Ur-sa-a* Cyl. 27. St. 15.

Bâbilu S., Cyl. 4. St. 2. 6. 31. B. S.
Bâla S., *Ba-a-la* Cyl. 2S.

Bêl Gott, Cyl. 1. 45. 5S. 59. 60. 6Sbis. St. 44.
84. 85. B. 1. Sil. 2. G. 2. A. 2.
Bêlit Göttin, Cyl. 68bis. St. 85. 86.
Bêlit-ilâni Göttin, *Bê-lit-ilâni* Cyl. 70bis. St. 89bis.
Bît-Burutaš L., *Bît-Bu-ru-ta-aš* Cyl. 23. St. 22.
Bît-Hamban L., *Bît-Ha-am-ba-an* Cyl. 15.
Bît-Humria Reich Israel, *Bît-Hu-um-ri-a* Cyl. 19.
20. St. 21.

Gamgumâ'a n. gent., *Gam-gu-ma-a-a* St. 26.
Gargamiš L. und S., Karkemisch, *Gar-ga-mis* Cyl. 26. St. 17.
Gibil Feuergott, Cyl. 61.
Gunzinânu m., *Gu-un-zi-na-nu* St. 26.

Dagán Gott, *Da-gan* Cyl. 1. 6. St. 10. B. 14.
Damunu Stamm, *Da-mu-nu* Cyl. 12. St. 29.
Damku Gott, Cyl. 53.
Dara-gala, Beiname des Gottes Éa, Cyl. 57.
Dilmun S., *Dil-mun* St. 34.
Dimgal-kalâma Tempelname, *Dim-gal-kala-ma* Cyl. 54.
Dûr-ilu S., *Dûr-ilu* Cyl. 5. 17. St. 6. B. 11.
Dûr-Jâkini S., *Dûr-Ja-ki-in-ni* St. 32.
Dûr-kurigalzi S., *Dûr-ku-ri-gal-zi* Cyl. 12.
Dûr-Šurrukênu S., St. 40. B. 27. Sil. 11. G. 12.
A. 10.

Zikirtu L., *Zi-kir-tu* St. 14. *Zi-kir-tê* Cyl. 29.
Zimri L., siehe *Namri*.
Zirlaba S., *Zir-la-ba* St. 7.

Hajapâ Stamm, *Ha-ja-pa-a* Cyl. 20.
Hâzitê S., Gaza, *Ha-zi-tê* Cyl. 19. St. 2S.
Hamânu Gebirg, *Ha-ma-ni* St. 41. 56. 73.
Hânûnu m., König von Gaza, *Ha-a-nu-nu* Cyl. 19. St. 23.
Harhâr S., *Har-har* Cyl. 30. St. 14.
Harrânu S., Haran, *Har-ra-na* Cyl. 6. St. 9. B. 13.
Hašmar L. oder Gebirg, *Ha-aš-mar* Cyl. 14.
Hattê L., *Hat-tê* Cyl. 13. 64. St. 42. 67. B. 37.
Sil. 24. G. 2S. — *Hattû* n. gent., *Ha-at-tê-ê* Cyl. 26. St. 18.
Hilakku L., Cilicien, *Hi-lak-ku* St. 22.
Humbanigaš m., König von Elam, *Hum-ba-ni-ga-aš* Cyl. 17. St. 12.